Anita Rehm

Liebhaber und andere Katastrophen

Liebe Zerender,
danke für das
Interesse an
meinem Buch
Herzlichst
[illegible]

[illegible].24

Anita Rehm

Liebhaber und andere Katastrophen

Komik und Tragik in zugetragenen und ertragenen siebzehn Kurzgeschichten

Mit Zeichnungen von Kani Alavi

VERLAG Akademie DER ABENTEUER

Impressum

1. Auflage, 2024

Verlag Akademie-der-Abenteuer
Boris Pfeiffer, Pfalzburger Straße 10, 10719 Berlin
www.verlag-akademie-der-abenteuer.de

Cover: Verlag Akademie-der-Abenteuer unter Verwendung
einer Zeichnung von Kani Alavi.

Satz: Petra Kleinwegen
Gedruckt und gebunden von BoD GmbH, Norderstedt
ISBN 978-3-98530-142-3
Printed in Germany

Bibliografische Information der Deutschen Nationalbibliothek:
Die Deutsche Nationalbibliothek verzeichnet diese Publikation in der Deutschen Nationalbibliographie; detaillierte bibliografische Daten sind im Internet über http://dnb.d-nb.de abrufbar.

Besonderen Dank an Dr. Heide Damaschun,
die mich bestärkt und meine Texte lektoriert hat.

Ebenfalls von Anita Rehm im Verlag
Akademie-der-Abenteuer:

‚Entführt' – ein Tatsachenroman

‚Mit einem Koffer voller Sehnsucht nach Berlin'
Portraits von Künstlerinnen und Künstlern, die es aus dem Nahen und fernen Osten nach Berlin zog

Inhalt

Frau Krause – Kleider machen Leute

Durch den Verkauf eines Ackers in einem Vorort von Mainz kam ein plötzlicher Geldregen auf Frau Krause zu. Glücklich über die unerwartete Summe von 12.000 D-Mark, wollte sich die Achtundsiebzigjährige endlich all das leisten, wozu ihr Geld bisher nie reichte.
Zuerst suchte sie das teuerste Schneideratelier in Mainz auf.
Da ihre Figur einer runden Kugel glich, hatte sie immer Schwierigkeiten, eine passende schicke Garderobe zu finden.
Zu gerne hätte sie schon früher den Laden mit dem goldenen Schild: Atelier Ilka Schlösser – Schneidermeisterin – betreten, aber es scheiterte am nötigen Kleingeld. Und das hatte sie jetzt.
Stolz erzählte sie der hochgewachsenen, schlanken Inhaberin von ihrem Glück, ihren letzten Acker verkauft zu haben, und sie wünsche sich drei Hosenanzüge und ein Kostüm, die auf ihre Figur geschneidert werden sollten. Zur Auswahl wurden ihr einige Stoffe gezeigt.

Für die drei Hosenanzüge wählte sie die Farben sanftes Lindgrün, zartes Violett und starkes Erdbeerrot. Bei der Farbauswahl für das Kostüm zögerte sie zunächst und ließ sich von der Schneidermeisterin beraten.
„Wie wäre es mit einem Schlammton? Die Mischung aus grau und braun würde auch gut zu ihren grauen Haaren passen."
Oh, nein, bemerkte Frau Krause, sie würde demnächst zum Friseur gehen und sich die Haare in einem kastanienbraunen Ton färben lassen.
„Na, dann passt doch der Schlammton auch genau dazu", überzeugte Frau Schlösser ihre neue Kundin.
Über den Preis wurden sich beide einig: pro angefertigtes Teil 650 D-Mark, insgesamt 2.600 D-Mark. Die erste Rate würde nach Fertigstellung des ersten Hosenanzugs fällig. Das sei kein Problem beteuerte Frau Krause. Geld spielte jetzt keine Rolle mehr.

Eine Woche später folgte die erste Anprobe des erdbeerroten Hosenanzugs. Vollkommen zufrieden mit dem Schnitt und der Farbe betrachtete sich Frau Krause von allen Seiten im Spiegel, von vorne, von hinten und von der Seite. Nur kleine Veränderungen an der Jacke und an der Hosenlänge wurden vorgenommen und mit Stecknadeln markiert. Eine andere Haarfarbe und eine neue Frisur hatte sich die Rentnerin auch schon zugelegt, und sie empfand, dass alles perfekt harmonierte. Auch Frau Schlösser bestätigt ihr das.

Dann beschloss Frau Krause, da sie jetzt über reichlich

Geld verfügte, nie mehr am Herd zu stehen und zu kochen.
All die Jahre hatte sie für ihren Mann und ihre drei Kindern gekocht. Der Mann hatte sich schon vor langer Zeit von ihr scheiden lassen. Die Kinder waren aus dem Haus und lebten verstreut in anderen Städten. Selten besuchten sie ihre Mutter in Mainz.
Nur noch „auswärts" essen gehen war ihr Wunsch und zwar in ihrer neuen schicken Garderobe.

Da sie nicht mehr gut zu Fuß war, ließ sie sich mit dem Taxi überall hinfahren, auch wenn es nur kurze Strecken waren.

In der Nachbarschaft fiel die neu hergerichtete Frau Krause gehörig auf. Hinter ihrem Rücken wurde reichlich getuschelt und gerätselt, was nur plötzlich mit ihr los sei.
Mit keinem Wort erwähnte sie ihr neugewonnenes Vermögen. Sie war der Meinung, dass das niemanden etwas angeht.

In der Innenstadt von Mainz eröffnete die erste luxuriöse Senioren-Residenz. Eine Heimstätte für gutbetuchte Bürger.

Die Zeitungen widmeten der Residenz lange Berichte. Unter anderem wurde das großzügige und gemütliche Restaurant lobend erwähnt, in dem nach Herzenslust geschlemmt werden konnte. Den Bewohnerinnen

und Bewohnern stünden mehrere Mittagsmenüs mit frischen Gerichten aus der regionalen und saisonalen Küche zur Auswahl. Dazu waren entsprechende Fotos abgedruckt, die Frau Krause zu einer Stippvisite in dem vornehmen Restaurant anregten. Das wollte sie ausprobieren.
Ihr war nicht bewusst, dass für externe Besucher der Zutritt nicht gestattet war.

In ihrem erdbeerroten Hosenanzug, mit einer neuen Handtasche und neuen eleganten Schuhen ließ sie sich mit dem Taxi vor den Eingang der feudalen Residenz fahren. Sie steuerte direkt auf das Restaurant zu, setzte sich an einen freien Zweiertisch und studierte die Speisekarte.

„Was darf ich Ihnen Köstliches aus der Küche servieren?", fragte mit leichtem Akzent die freundliche Bedienung.
„Menü drei."
„Und was zu trinken?"
„Einen Sauergespritzten."
„Haben wir nicht auf der Karte. Was ist das?"
„Halb Weißwein, halb Sprudelwasser in einem Schoppenglas."

Nach dem Essen wollte Frau Krause zahlen. Gewundert hatte sie sich schon, dass weder beim Menü, noch bei den Getränken ein Preis vermerkt war.

„Ach, Sie müssen nichts bezahlen. Das Mittagessen ist doch frei“, klärte sie die Bedienung auf, die sie für eine neue Bewohnerin hielt.
„Ich heiße Dorota und bin zuständig hier für Ihren Tisch. Sie sind noch neu hier, und das ist jetzt auch immer Ihr Platz.“
Verblüfft und ohne Widerrede stand Frau Krause vom Tisch auf.
Dorota bekam ein stattliches Trinkgeld in die Hand gedrückt, und freundlich verabschiedete sie sich.
„Bis morgen, um die gleiche Zeit. Nicht vergessen, Sie sitzen an Tisch 12.“

Jetzt musste Frau Krause so tun, als ob sie zu den Bewohnerinnen im Haus gehörte. Unsicher verschwand sie nach draußen, ohne zurückzuschauen, ob ihr jemand folgte und sie ansprechen würde. Sie war sich sicher, dass sie verwechselt worden ist. Soll ich wirklich morgen wieder hierherfahren? Mein Essen könnte ich auch bezahlen, dachte sie, aber wenn man kein Geld nimmt ...

Die Versuchung war groß, sich wieder an den vornehm gedeckten Tisch 12 mit den Stoffservietten zu setzen und ein Menü auszusuchen. Schließlich schmeckte ihr das Essen sehr gut, und es kostete nichts.

Am nächsten Tag, zur gleichen Zeit, wiederholte sich die Prozedur.

Und an vielen darauffolgenden Tagen, Wochen und Monaten.

Frau Krause hatte keine Skrupel, dass die Schwindelei irgendwann auffliegen könnte. Fast glaubte sie selbst, eine der Residenz-Bewohnerinnen zu sein, mit denen sie in Eleganz und schicker Garderobe mithalten konnte. Schließlich hatte sie das Kostüm im Schlammton und die Hosenanzüge getragen, denen man die teure Qualität ansah. Besonders für den erdbeerroten Hosenanzug erhielt sie von allen Seiten viele Komplimente.

Fast ein Jahr lang mogelte sich Frau Krause Tag für Tag ins Restaurant, ohne dass sie als externe Besucherin auffiel.
Bis zu einem bitterkalten, eisigen Wintertag.
Gerade wollte sie, wie gewohnt, ins Taxi einsteigen, da rutschte sie auf dem glatten Eis aus und lag vor der Tür des Taxis auf der Straße.
Der besorgte Taxifahrer half ihr.

Statt sie zum Mittagessen in die Senioren-Residenz zu fahren, fuhr er Frau Krause direkt ins Krankenhaus zur Notaufnahme. Dort wurde nach dem Röntgen ein Oberschenkelhalsbruch diagnostiziert.

Es dauerte nur ein paar Tage, da erkrankte Frau Krause an einer schweren Lungenentzündung, an deren Folge sie verstarb.

Sinnlose Tat

Auch an diesem Morgen ist Uwe wieder zu spät aufgestanden. Es bleibt ihm wenig Zeit für Katzenwäsche, das Anziehen und Frühstück im Stehen. Um pünktlich zum Schulunterricht zu erscheinen, muss er in zwölf Minuten den Bus erwischen.
Manchmal, wenn er Glück hat, nimmt ihn seine Mutter auf dem Weg zur Arbeit im Auto mit. Heute jedoch braucht sie erst am frühen Nachmittag im Büro zu sein. Sie liegt noch im Bett und nimmt im Halbschlaf die Hektik ihres Sohnes wahr. Aber sie denkt überhaupt nicht daran, ihn bei seinen ewigen Verspätungen zu unterstützen. Auch dieses Mal nicht. Es sind immer die gleichen Diskussionen, die beide über ein früheres Aufstehen führen. Spät ins Bett gehen und morgens nicht aus den Federn kommen. Dabei betont ihr Sohn beharrlich, dass er mittlerweile volljährig sei und wisse, wie er sich zu verhalten hätte.

Mit einem kaum hörbaren „Tschüss" verlässt der Achtzehnjährige die Wohnung. Auf den lahmen Fahrstuhl will er nicht warten. Im Eiltempo rennt er von der

dritten Etage die Treppe herunter. Das geht schließlich schneller. Es sind nur noch wenige Minuten, um den Bus der Linie 23 zu erreichen. Er rennt los, überquert die Straße, sieht an der nahegelegenen Haltestelle bereits das linke rote Rücklicht des Busses, der sich in diesem Moment zur Weiterfahrt einreiht. Ein lautes „Verdammt!“ ist seine Reaktion. Einen Augenblick überlegt er, ob er den vierzigminütigen Fußweg zur Schule auf sich nehmen soll. Der nächste Bus fährt erst wieder in zwanzig Minuten. Er entscheidet sich für das Warten.
Hastig holt Uwe sein Handy aus der Jackentasche hervor und schreibt seinem Freund Andy eine Nachricht. Der Bus sei ihm vor der Nase weggefahren und er solle bitte schon mal die Lehrerin über seine Verspätung informieren.
Ausgerechnet heute soll die letzte Klausur für das Abi geschrieben werden, und er wird es nicht schaffen, pünktlich auf seiner Schulbank zu sitzen.

Uwe ist ein guter Schüler mit besten Noten, der bisher alle Klausurarbeiten ohne große Mühe bestanden hat. Er ist sich sicher, auch heute wird ihm das gelingen. Was machen da schon einige Minuten Verspätung aus.

Gleich nach dem Abitur will er endlich seinen langgehegten Traum verwirklichen: Abenteuer in einem anderen Land erleben. Mit zwei Freunden für einige Monate quer durch Australien reisen, bis das Geld verbraucht ist, und danach auf einem Weingut arbeiten. Das alles hat er bereits organisiert.

Erst dann will er ein Studium beginnen. Irgendwo. Was genau, weiß er noch nicht. Vielleicht etwas mit Technik, Film oder Sprachen schwebt ihm vor. Schließlich steht ihm mit seinem grenzenlosen Optimismus die Welt offen.

Der Berufsverkehr hat sich bereits gelichtet. Es sind nur noch wenige Radfahrer und Autos, die vorüberfahren. Fußgänger so gut wie keine.
An der Bushaltestelle sitzt ein alter Mann mit Rollator auf der Bank und starrt geradeaus auf die Straße. Es scheint, dass er nicht auf den Bus wartet, sondern nur so dasitzt. Uwe ist ihm schon mal auf der Straße begegnet, aber er kennt den Fremden nicht.
Um die Wartezeit zu überbrücken, schaut der Schüler tief versunken die Mitteilungen auf seinem Handy an und beantwortet sie. Schnell schreibt er noch eine SMS an seine Freundin und erinnert an die Verabredung am heutigen Kinoabend.
Die beiden Jugendlichen in ihren schwarzen Hoodies mit den Kapuzen tief im Gesicht, die die Straße überqueren und sich in einer undefinierbaren Sprache unterhalten, registriert Uwe nicht. Sie steuern direkt auf ihn zu. Erst als die beiden plötzlich dicht vor ihm stehen, schaut er von seinem Handy hoch und nimmt sie erschrocken wahr.

Ohne nur ein Wort zu sagen, zückt einer der beiden ein Messer, sticht heftig und tief in den Oberkörper des Schülers ein. Die Attacke dauert nur Sekunden. Nach dem sechsten Messerstich bricht Uwe lautlos zusammen und liegt neben der Haltestelle in einer Blutlache auf der Straße. Grinsend verlassen die beiden Jugendlichen in aller Ruhe den Tatort und verschwinden um die nächste Ecke.

Niemand war zu dem Zeitpunkt in der Nähe des Tatortes.

Ohne irgendeine Geste der Erregung starrt der alte Mann immer noch auf die Straße.

Der später eintreffende Notarzt stellt fest: „Da ist nichts mehr zu machen. Der Junge ist bereits tot."

Warum ausgerechnet Uwe zum Opfer einer so sinnlosen Tat wurde, konnte nie aufgeklärt werden. Auch die Täter konnten bis heute nicht ermittelt werden.

Wie junge Franzosen mit Charme und Pommes Frites Mainz eroberten

„Guten Tag, je suis Jeanne Souchere aus Paris." So stellte sich schüchtern unser französischer Gast im Sommer 1962 an der Wohnungstür vor. Jeanne gehörte zu den ersten fünfundzwanzig Schülern aus Frankreich, die nach dem Zweiten Weltkrieg bei deutschen Gastfamilien in Mainz wohnten.

Schon Tage zuvor rätselten meine Eltern, mein Bruder und ich: Wie wird unser französischer Gast aussehen? Bestimmt schwarze, lange Haare. Und schicke Kleider nach der letzten Mode. Eine Französin aus Paris musste elegant sein.
Jeanne, fünfzehn Jahre alt, war das Gegenteil. Bescheiden und höflich im Auftreten, einfach in der Kleidung und mit blonden, kurzen Haaren. Im Schulunterricht hatte sie bereits schon gut Deutsch gelernt. Ihr französischer Akzent klang charmant. Sofort hatten wir

Freundschaft geschlossen. Sie bekam mein Zimmer und ich zog ins Wohnzimmer auf die unbequeme Couch. Ich war damals vierzehn Jahre alt und hatte gerade eine kaufmännische Ausbildung in einem bauausführenden Betrieb begonnen.

Neugierig hörte ich zu, wenn Jeanne eindrucksvoll von ihren Eltern erzählte. Der Vater war ein bedeutender Architekt in Paris, die Mutter engagierte sich während des Zweiten Weltkrieges in der Pariser Résistance, der Widerstandsbewegung gegen die deutsche Besatzungsmacht.
Als Vierzehnjährige wusste ich damals noch nicht, was das bedeutete. Aber meine Mutter klärte mich auf und war überrascht, dass die Eltern von Jeanne ihre Tochter nach Deutschland schickten. Waren wir nicht die Erzfeinde?

Kontakte und Freundschaften zwischen den beiden Völkern wiederherzustellen war beispielsweise auch der Sinn des Deutsch-Französischen Freundschaftsvertrages, der 1963 zwischen Charles de Gaulle und Konrad Adenauer geschlossen wurde.
Aber schon zwei Jahre zuvor gründete die Französin Madame Simone Steffens zusammen mit ihrem deutschen Ehemann in Wiesbaden eine Organisation unter dem Namen OSFG: „Organisation Scolaire Franco Germanique“. Ihre Idee war, französische Gymnasiasten mit Deutschkenntnissen in den Sommerferien an Familien mit gleichaltrigen Kindern in Wiesbaden und

Mainz zu vermitteln, damit sie die deutsche Alltagskultur kennenlernten.

Der Romanistikstudent Gerhard Fischer, der einige Häuser weiter von uns wohnte, war innerhalb der Organisation für die Unterbringung der Schüler zuständig. In der Nachbarschaft fragte er nach, und einige Familien erklärten sich bereit, Schüler für drei Wochen aufzunehmen. So wurden Alain aus Paris, Jean François aus der Stadt Reims und Jean-Jacques aus Saint-Quentin in unserer Straße „Am Römerlager" einquartiert. Von der Organisation erhielten die Familien eine geringe Aufwandsentschädigung.
Auch die Eltern von Gerhard Fischer nahmen einen jungen Franzosen auf: Jean-Pierre aus Casablanca. Er erzählte spannende und exotische Geschichten aus Marokko.
In unserer Straße herrschte ein positiver Aufruhr. „Die Franzosen sind da!"

Die Organisation „wachte" über die Schüler, die täglich zum Deutschunterricht gingen. Begleitend gehörten Ausflüge und Besichtigungen in der Gegend zum Programm. Das schien jedoch einigen der fünfzehn- bis achtzehnjährigen Jugendlichen zu langweilig. Sie wollten Freizeit, sich amüsieren, schwimmen, tanzen, Fußball spielen.
Oft trafen sich einige der französischen Schüler und meine Freundinnen aus der Nachbarschaft bei uns zuhause. Sie waren willkommen, denn sie brachten den

„gewissen Flair“ in unsere bescheidene Dreizimmerwohnung. Von der ungezwungenen Lebensweise und dem französischen Akzent in der deutschen Sprache waren wir alle beeindruckt. Fortan begrußten wir uns untereinander nur noch mit „Salut“, und wir wandelten unsere Vornamen soweit es ging ins Französische um. Aus Peter wurde Pierre, Gerhard wurde zu Gérard. Meine Freundin Gaby nannte sich Chaby, und Udo war plötzlich Üdo. Fanden wir ungeheuer schick.

In den Mainzer Kinos liefen damals schon die ersten „Nouvelle Vague“- Filme. Und ich hatte bereits meine französische Lieblingsschauspieler ausgemacht: Jean-Claude Brialy, Henry Serre, Gérard Blain, die ich jedoch nur von Fotos her kannte. Die Filme durfte ich wegen der strengen Altersbeschränkung, meist ab achtzehn Jahre, nicht anschauen. Aber ich kannte die Filmtitel und eben die tollen Schauspieler. So konnte ich munter mitreden, wenn es um den französischen Film ging.

Zu den Treffen brachten die jungen Franzosen ihre Lieblingsschallplatten mit. Wir hörten das erste Mal französische Rockmusik von Johnny Hallyday, Eddy Mitchell et les chaussettes noires, Richard Anthony, und wir tanzten dazu. Selbst der Tanzstil war neu für uns. Die amerikanischen Rockidole Elvis Presley, Paul Anka und Little Richard interessierten uns nur noch am Rande.

Jean François schwärmte uns von Pommes Frites vor, die er so vermisste. Wir kannten damals nur Brat- oder

Pellkartoffeln. Aber Pommes Frites? Die waren uns unbekannt und machten uns neugierig.
Meine Mutter wollte wissen, wie diese Art von Kartoffeln zubereitet wird. Kurzerhand bekam Jean François von ihr eine Schürze, einen gusseisernen Topf mit viel Fett und er zauberte uns köstliche Pommes Frites. Vom Ergebnis waren wir alle begeistert. Und so wurden Pommes Frites zumindest in Mainz populär.

Schnell sprach sich in der Stadt herum, dass ich mit Franzosen Kontakt hatte. Auch meine anderen Freundinnen wollten die charmanten Herzensbrecher kennenlernen. Das Freibad Taubertsberg wurde in diesem Sommer zu unserem Treffpunkt. Neue Freundschaften entwickelten sich. Wir waren ausgelassen, machten Party und lernten einen neuen Tanzstil. Die ersten Kellerpartys fanden bei der Familie von Gerhard Fischer statt, zusammen mit seinen Schwestern und Brüdern. Alle französischen Schüler waren eingeladen. Bei schummerigem Licht tanzten wir engumschlungen „à la francaise“, und es verbandelten sich zaghaft die ersten Pärchen.

Ich hatte mich unsterblich in den siebzehnjährigen Jean-Pierre verliebt. Seine braunen Augen und die dunklen Locken faszinierten mich. Zaghaft tauschten wir heimlich Küsse aus. Er war meine erste große Liebe. Beim Abschied schworen wir uns, in Kontakt zu bleiben und Briefe zu schreiben. Das hielt ungefähr ein Jahr. Dann verlor sich seine Spur. Irgendwann zog er mit seinen Eltern von Casablanca nach Paris. Wegen einer Adressenveränderung gab es keine Korrespondenz mehr. Schade. Ich hätte gerne gewusst, ob er sich seinen Wunsch erfüllen konnte, wie sein Vater Zahnarzt zu werden.

Auch die anderen Brieffreundschaften mit Alain und Jean-Jacques schliefen mit der Zeit ein.
Aber die Begegnungen mit den französischen Gastschülern hatte zu Folge, dass ich unbedingt Französisch lernen wollte. Deshalb belegte ich in Abendkursen im „Institut Français“ in Mainz entsprechende Sprachkurse. Mein großer Traum war es, irgendwann nach Paris zu reisen.
So wurde ich zwangsläufig frankophil.

Die Erinnerung an diese ereignisreiche Zeit blieb mir all die Jahre im Gedächtnis. Auch die Genugtuung, dass wir zu den ersten Familien gehörten, die die deutsch-französische Freundschaft bereits vor den offiziellen politischen Vereinbarungen zwischen den Regierungen verwirklicht haben.

Fortsetzung im nächsten Kapitel ...

Paris 1963

Endlich konnte ich meinen Traum im Sommer 1963 verwirklichen und fuhr mit dem Zug von Mainz nach Paris, Endstation Gare de l´Est.
Im Gepäck: den Roman „Montmartre" über das ärmliche Bohème-Leben des Malers Maurice Utrillo und das seiner Künstlerfreunde um 1900 in Paris sowie die abgelegten Klamotten meiner Mutter.

Und das kam so:
Mit der französischen Schülerin Jeanne Souchere, die zwei Jahre zuvor bei uns wohnte, hielt ich intensiven Briefkontakt. Manchmal war ihr Deutsch in den Briefen etwas holprig. Aber eines Tages schrieb sie sehr deutlich. Ich solle sie im Sommer in Paris besuchen. Zugegeben, ich habe immer auf eine Einladung gewartet, und nun war es soweit. Als Sechzehnjährige fühlte ich mich ungeheuer geschmeichelt und erzählte jedem stolz: Ich fahre nach Paris.
Meine Eltern hatten keine Bedenken und waren damit einverstanden. Sie wussten, dass Jeanne aus einem

guten Haus kam und ich bei ihrer Familie sicher aufgehoben sein würde.
Mir blieben knapp zwei Monate Zeit für die Reisevorbereitungen. Als erstes kaufte ich eine große Reisetasche und einen schicken Kulturbeutel. Zum Anziehen brauchte ich nichts Neues.

Ich hatte mir bereits drei Wochen Urlaub für Juli 1963 bei meinem Vorgesetzten genehmigen lassen.
Einem Aufenthalt in Paris stand somit nichts mehr im Wege, dachte ich. Aber ich rechnete nicht mit der Strenge meiner Eltern, und so passierte es.

Von einer Riverboat Shuffle auf dem Rhein kam ich erst nach 23 Uhr zu Hause an, zum großen Ärgernis meiner Eltern, die sich bereits Sorgen machten. Schließlich hatte ich in meinem Alter immer nur bis maximal 22 Uhr Ausgang. Ich versuchte zu erklären, warum es so spät wurde. Aber meine Eltern ließen sich auf keine Argumente ein. Ich wurde beschimpft, und es folgte auf der Stelle eine drastische Strafe: Die Erlaubnis nach Paris zu fahren wurde mir entzogen.

Das saß! Heulend und wütend ging ich auf mein Zimmer. So eine harte Bestrafung konnte ich nicht verstehen. Nur weil ich eine Stunde später kam? Ich war doch schon eine Erwachsene!
Zusätzlich zu meiner Enttäuschung erhielt ich am nächsten Tag einen Brief von Jeanne, in dem sie mitteilte,

dass sie ihre Ferien um zwei Wochen verlängern werde und deshalb erst später wieder in Paris einträfe.
Auch das noch! Schlimmeres konnte mir wirklich nicht passieren. Mein Urlaubstermin stand doch schon fest. Und wie sollte ich das alles meiner Clique erklären? Die wussten doch, dass ich demnächst nach Paris fahre, und beneideten mich darum.

Aber ich war festen Willens und fühlte mich reif genug, meinen Urlaub zunächst allein in Paris zu verbringen. Schließlich hatte ich mich riesig auf diese Reise gefreut. Und so dachte ich mir einen Plan aus, von dem meine Eltern nichts erfahren sollten.
Bis Jeanne wieder in Paris wäre, würde ich in einem Hotel wohnen.
Ein Freund besorgte mir einige Adressen von günstigen Unterkünften im Quartier Latin, dem traditionellen Studentenviertel, in dem viel los sei, meinte er.
Mir war das Quartier Latin kein Begriff. Ich wusste von Paris lediglich, dass es das Moulin Rouge, die Avenue des Champs-Élysées und den Montmartre gab. Obendrein einen Bahnhof, der Gare de l'Est hieß, weil vom Mainzer Hauptbahnhof direkte Züge dorthin fuhren.
Vor meiner geplanten Abreise kaufte ich am Bahnhofsschalter eine Fahrkarte. Glücklich schaute ich auf die kleine braune, kartonierte Karte auf der stand:

Mainz Hauptbahnhof – Paris Gare de l'Est, hin und zurück.

Ohne Skrupel informierte ich meine Eltern, dass ich am nächsten Tag mit dem Bus nach Gau Bickelheim zu Gretel, einer langjährigen Freundin meiner Mutter, fahren und dort meinen Urlaub verbringen wollte.
Das war nicht ungewöhnlich, da wir schon öfter einige Tage bei der bäuerlichen Familie in dem Dorf verbracht hatten, um bei der Weinlese mitzuhelfen.
Meine Eltern waren von meiner Entscheidung angetan und erfreut darüber, dass ich so vernünftig sei und meine spleenige Idee der weiten Reise aufgab. Das Thema Paris schien endgültig für sie erledigt zu sein.

In aller Eile suchte meine Mutter für Gretel einige abgetragene Kleidungsstücke zusammen, die ich ihr für die Feldarbeit mitnehmen sollte.
Ordentlich packte ich am nächsten Morgen die beiden Pullover, einen Rock und eine Schürze unten in meine Reisetasche. Obendrauf kamen meine Utensilien. Danach verabschiedete ich mich von meiner Mutter, die mir noch auf den Weg gab, mich ordentlich zu benehmen und nicht zu vergessen, herzliche Grüße zu bestellen. Ich hatte weder ein schlechtes Gewissen noch Bedenken wegen meiner Lügen.

Am Bahnhof erwartete mich ein Freund, um mir Lebewohl zu sagen. Er bewunderte meinen Mut, und ich fühlte mich mit meinen sechzehn Jahren sehr erwachsen.

Pünktlich um 12 Uhr fuhr der Zug Mainz – Paris ab.

Ich fand einen bequemen Platz am Fenster und saß tief versunken in mein Buch „Montematre“, das mich unter anderem auch zu der Reise inspirierte, als mich der junge Mann von gegenüber ansprach. Sein Deutsch war exzellent mit einem leichten französischen Akzent. Wir kamen ins Gespräch, und er wollte wissen, um was es sich in dem Roman handele, und was ich in Paris machen werde. Ich erzählte ihm von Jeanne, zu der ich erst in zwei Wochen könnte und dass ich zwischenzeitlich in einem Hotel im Quartier Latin bleiben müsste.
Dann stellte er sich vor. Er hieße Gérard, sei Architekturstudent und bis Metz getrampt, hätte dort zwei Stunden an der Straße gestanden, wurde aber nicht mitgenommen. Deshalb hätte er sich für die Weiterfahrt mit dem Zug nach Paris entschieden.
Ob ich wüsste, wohin ich mit der Metro fahren muss, fragte er mich. „Nein“, antwortete ich und zeigte ihm die Adressen von den billigen Hotels im Quartier Latin. Er bot sich an mich zu begleiten, da wir erst spät abends in Paris ankommen würden. Offensichtlich spürte er meine Naivität.

Die Begegnung mit Gérard war mein großes Glück.

Schon bei den ersten Adressen waren die Türen der Hotels verschlossen und auf den Schildern stand „fermé“ oder „complet“.
Auf dem Boulevard Saint-Michel kamen uns zwei Kommilitonen von Gérard entgegen. Mit ihnen sprach er

über die Schwierigkeit, eine Unterkunft für mich zu finden. Sie führten uns in ein Café und machten uns mit einer jungen Deutschen bekannt, die jemanden suchte, mit dem sie das Hotelzimmer und die Kosten teilen könnte.

Sigrid Piehler aus Heppenheim von der Bergstraße war meine Retterin.

Das Zimmer bot durch das große Bett nur minimalen Platz, aber ausreichend für uns beide. Am nächsten Morgen regelten wir mit der Hotelbesitzerin meinen Aufenthalt.

Sigrid war schon eine Woche in Paris und suchte eine Stelle als Au Pair. Obwohl sie intensiv die Stellenanzeigen las, bemerkte ich, dass sie nicht unbedingt Lust hatte, auf Kinder aufzupassen. Dafür nahm sie den Besuch eines Sprachkurses an der Sorbonne Universität sehr ernst.

Sigrid war zwei Jahre älter als ich und kam aus einem Metzgerhaushalt. Das erklärte auch die vielen Wurstsorten in Dosen, die sie mitgebracht hatte. Jeden Morgen kaufte sie frisches Baguette, und wir belegten es mit hausgemachter Blutwurst, Leberwurst oder Schwartenmagen. Danach ging es um die Ecke zum „Odeon" am Boulevard Saint-Germain, dem Stammcafé von Sigrid.

Ich rauchte damals filterlose Zigaretten der Marke Gitanes, und mein Kaffee musste schwarz und ohne Zucker sein. Diese Eigenschaften hielt ich für das absolute Pariser Flair. Da ich alles in rauen Mengen genoss, aber kaum etwas gegessen hatte, kippte ich nach einigen Tagen einfach um. Es sei der Kreislauf, stellte eine amerikanische Tischnachbarin fest, die mir sofort aus einer Apotheke ein Medikament besorgte. Schnell erholte ich mich wieder und reduzierte die Genussmittel.

Mittlerweile kannten Sigrid und ich schon einige männliche Stammgäste vom „Odeon“, mit denen wir oft stundenlang zusammensaßen. Darunter waren Studenten, Fotografen und Journalisten, die bei den heftigen Diskussionen alle durcheinander sprachen.

Eines Tages gesellte sich ein Schauspieler dazu, den alle kannten, nur ich nicht. Mir fielen gleich seine schönen, vollen Lippen und sein sinnlicher Augenaufschlag auf. Ich war hin- und hergerissen, als er mich ansprach. Mein Französisch war schon so gut, dass ich verstand, was er wissen wollte: woher ich käme, was ich in Paris so unternehme und wie alt ich sei. Mein wahres Alter wollte ich ihm nicht verraten und machte mich einfach um drei Jahre älter. Ich fühlte mich auch schon wie eine Neunzehnjährige.

Das Gespräch mündete darin, dass er mich spontan zum Essen einlud. Nur wir beide, wie er mir leise zu verstehen gab. Ich war geschmeichelt und begeistert mit so einem schönen Mann auszugehen, und Hunger hatte ich außerdem.

Während des Essens in einem Bistro stellte er mir einige Fragen, die ich wegen meines Alters nicht beantworten konnte. Er wurde stutzig und sagte mir direkt ins Gesicht, dass ich jünger sein müsste. Mir stieg die

Schamröte ins Gesicht, und ich gab ehrlicherweise zu, dass ich erst sechzehn wäre. Der Schauspieler, ein Gentleman, zahlte und fuhr mich zu meinem Hotel. Beim Abschied gab er mir den typischen französischen Kuss, rechts und links auf die Wange, und riet mir, dass ich in meinem jungen Alter aufpassen sollte. Warum, verriet er nicht.

Ich erzählte Sigrid von der Begegnung mit dem Schauspieler. Sie hatte ihn zwar noch nie im Film gesehen, aber sie kannte zumindest seinen Namen: Jean-Louis Trintignant.

Erst Jahre später wurde Jean-Louis Trintignant für mich der Inbegriff des französischen Kinos.
Noch einmal in seinem hohen Alter sah ich ihn in den Filmen „Liebe“ und „Die schönsten Jahre seines Lebens“. Der Glanz seines schönen Aussehens war schon erloschen, jedoch seine schauspielerische Leistung blieb ihm erhalten. Und bei mir die Erinnerung an unsere kurze Begegnung.

Gleich zu Anfang meines Aufenthaltes schrieb ich meiner Mutter einen Brief, dass ich nicht in Gau Bickelheim, sondern in Paris sei. Weiter teilte ich ihr mit, dass es mir gut gehe, ich eine Rückfahrkarte hätte und wie geplant nach drei Wochen wieder in Mainz ankommen würde. Ich bräuchte aber dringend Geld.
Meine Mutter nahm die tägliche Post in Empfang, das wusste ich. Von all dem sollte mein Vater nichts

erfahren, und diesbezüglich konnte ich mich auf sie verlassen.
Prompt antwortete sie, dass sie sich so etwas schon dachte und ich doch sicher bei Jeanne und ihrer Familie sei. Offensichtlich war ihr die Adresse des Hotels nicht aufgefallen. In dem Brief steckte ein 50-Mark-Schein. Das Geld hätte sie sich geliehen, schrieb sie.
Dabei flossen mir die Tränen, und ich schämte mich zutiefst. Ich wusste, dass Geld bei uns immer knapp war. Aber verdammt, ich befand mich in einer Notlage.

Allmählich wurde es unbehaglich in dem kleinen Hotelzimmer in der Rue de L'Ancienne Comédie im Quartier Latin, und mein Geld war auch mittlerweile so gut wie aufgebraucht.
Jetzt hatte ich zwei Möglichkeiten: Entweder ich fuhr noch am selben Abend mit dem Nachtzug zurück nach Mainz, oder ich zog zu Jeanne in die 33, Rue de Miromesnil. Ich wusste, dass sie zu diesem Zeitpunkt wieder in Paris angekommen sein müsste.
Also entschied ich mich am Nachmittag, zuerst bei Jeanne mit meiner Reisetasche unangemeldet vor der Tür zu stehen. Nach dem Klingeln öffnete mir eine Frau, von der ich annahm, dass sie die Mutter meiner Freundin sei.
Ich stellte mich vor: „Bonjour Madame Souchere. Je suis Anita de Mayence." „Mais, je ne suis pas Madame Souchere. Un moment", antwortete sie und holte die Hausherrin an die Tür. Ich wurde herzlich begrüßt: „Bonjour

Anita. Je suis Madame Souchere", und sie bat mich herein.
Ich kam aus dem Staunen nicht mehr heraus. Solch eine großbürgerliche Wohnung, die mit zahlreichen Antiquitäten ausgestattet war, hatte ich zuvor noch nie gesehen oder gar betreten.
Vom Flur gingen viele Zimmer ab. Ich bekam ein geräumiges Zimmer zugewiesen, das mit einem großen Bett, Sessel und einem Schminktisch ausgestattet war. Eine Tür führte ins Badezimmer. Und alles für mich allein. Jetzt brauchte ich nicht mehr das Bett und die Toilette zu teilen.
Nach einer Stunde klopfte Jeanne an meine Tür. Sie kam gerade vom Spaziergang zurück, umarmte mich und freute sich über meinen unangemeldeten Besuch. Ich erwähnte, dass ich schon zwei Wochen bei einer deutschen Freundin im Quartier Latin gewohnt hätte, ohne das Hotel zu erwähnen, und bald wieder nach Mainz zurückfahren müsste.

Am nächsten Abend war im Hause Souchere ein großes Essen im Speisezimmer angesetzt. Dazu eingeladen war die Familie des Bruders von Jeanne, der gerade als Schauspieler mit Romy Schneider auf einer Pariser Bühne stand. Der Tisch war sehr festlich gedeckt. Und ich hatte ein Problem. Vor mir lagen neben dem Teller rechts zwei Messer und links zwei Gabeln. Mir war diese Anordnung völlig unbekannt und ich wusste nicht, welche Besteckfolge richtig sein könnte. Also nahm ich aus Unkenntnis das äußere Messer und die innere

Gabel. Irgendwie müsste es stimmen, dachte ich. Genau das war falsch und ich hatte mich mit meinen Manieren blamiert. Ich hätte auf das Verhalten der anderen am Tisch achten sollen. Aber nun war es geschehen.

Die Soucheres bereiteten mir noch sehr schöne Tage. Sie wohnten direkt hinter dem Élysée Palast im 8. Arrondissement, einer noblen Gegend. Ich bewegte mich jetzt in einer „vornehmen Gesellschaft". Der freundliche Monsieur Souchere und seine Tochter Jeanne nahmen sich viel Zeit für mich, zeigten mir Paris und begleiteten mich in die Museen.
Vergessen waren meine Gammeltage im Café „Odeon" und die Nächte in den Jazzkellern des Quartier Latins. Alles ging so kultiviert zu im Hause Souchere. Beschämt dachte ich darüber nach, dass Jeanne vor zwei Jahren in Mainz das totale Kontrastprogramm erlebte und wir nicht annähernd dasselbe bieten konnten. Aber sie beteuerte schon damals, dass sie sich bei uns sehr wohlgefühlt hätte.

Kurz vor meiner Abreise schrieb ich noch schnell einen Brief an meine Mutter und teilte ihr meine Ankunftszeit in Mainz mit.
Unerwartet stand sie auf dem Bahnsteig. Mit Freudentränen und glücklich, mich unversehrt wiederzusehen, wurde ich von ihr empfangen. Aber sogleich folgte eine Standpauke:
„Für deine ungeheuerliche Lüge und meine sorgenvollen, schlaflosen Nächte hast du jetzt zwei Wochen

Hausarrest. Jeden Abend bist du um 19 Uhr zuhause. Papa weiß nichts von deiner Parisreise."

Das war schon mal sehr beruhigend. Es hatte auch schwerwiegende Folgen für uns haben können. Schließlich hatte ich meine Mutter zu meiner Verbündeten gemacht. Die Strafe nahm ich gerne in Kauf, dafür hatte ich doch drei Wochen Paris mit vielen Facetten genossen.

Wohlbehalten befanden sich immer noch in meiner Reisetasche zwei Pullover, ein Rock und eine Schürze, die für Gretel bestimmt waren. Mit etwas Verspätung landeten die Klamotten schließlich doch in Gau Bickelheim bei Gretel, die sie tatsächlich bei der Feldarbeit trug.

Nie erfuhr sie davon, dass die Kleidungsstücke einen Umweg über Paris genommen hatten.

... mann

Endlich konnte ich nach einem längeren Krankenhausaufenthalt nach Hause verlegt werden. Ich hatte aber strengste Bettruhe verordnet bekommen, da in Folge eines schweren Autounfalls mein Beckenringbruch noch nicht vollständig ausgeheilt war. Durch Liegen sollte er sich auf natürliche Weise wieder zusammenfügen. So war ich zwangsweise ans Bett gebunden.
Für meine Betreuung war Tante Maria zuständig, die vorübergehend bei uns wohnte, da meine Eltern tagsüber arbeiteten. Sie war die ältere Schwester meines Vaters und eine gute Seele. Sie erfüllte mir jeden Wunsch, wenn es ihr möglich war. Inzwischen kannte sie auch meinen Freundeskreis und die dazu gehörigen Namen.
Zu der Zeit besuchten mich viele meiner Freundinnen und Freunde. Oft saßen zwei bis vier Personen vor meinem Bett und erzählten mir spannende Geschichten, was draußen so alles los war.
Dass meine Tante mittlerweile unter beginnender Schwerhörigkeit litt, fiel mir zunächst nicht auf. Bis zu dem Tag, als es bei uns an der Wohnungstür klingelte.

Da Tante Maria vorsichtig war, öffnete sie nicht gleich die Tür und fragte, wer da sei. Nur ein Murmeln war zu hören, das auf ... mann endete.

„Wer? Der Gasmann?“ Wieder das Murmeln ... mann

„Wer? Der Gemüsemann?“ Wieder Murmeln ... mann

„Wer? Der Ölmann?“ Und wieder ein unverständliches ... mann

„Wer? Der Eiermann?“

Alle Händler, die jemals bei uns an der Wohnungstür ihre Geschäfte abwickelten, wurden aufgezählt. Ich hörte zwar ihre Frage, konnte aber nichts dazu beitragen, da ich die jeweiligen Antworten nicht verstand. Ich wunderte mich nur über die Aufzählungen.

Bei der letzten Frage, ob derjenige vor der Tür der Eiermann sei, platzte offensichtlich dem Mann der Kragen, und er brüllte laut und unüberhörbar durch den Hausflur: „Drieselmann“.

Jetzt verstand auch meine Tante den Namen, öffnete die Tür und sagte zu dem Besucher: „Ach, Sie sind es, Herr Drieselmann. Warum haben Sie das nicht gleich gesagt!“
„Das habe ich doch!“ erwiderte er wieder in seinem gewohnten Flüsterton.

Zugegeben, Jürgen Drieselmann war nicht der laute Typ und nicht bei kräftiger Stimme. Er war eher der Zurückhaltende mit den leisen Tönen. Aber bei normalem Gehör konnte man ihn selbstverständlich gut verstehen. Da Jürgen Drieselmann zu meinen besten Freunden zählte, hatte ich mich an dem Nachmittag im Jahr 1965 sehr über seinen Krankenbesuch und den bunten Blumenstrauß gefreut.

Übrigens bestritt meine Tante vehement, dass sie schwerhörig sei. Vielmehr behauptete sie, dass Herr Drieselmann viel zu leise spräche.

Das Kino Luxor – ein fast normaler Tag im Jahr 1965

Täglich legte ich einen etwa vier Kilometer langen Fußweg von der Wohnung meiner Eltern „Am Römerlager“ über die Große Bleiche bis zur Rheinallee zurück, wo meine Arbeitsstelle war. Ich hatte damals gerade sechs Monate im Helios-Diemer-Verlag in der Werbeabteilung gearbeitet. Gegen acht Uhr machte ich mich schnellen Schrittes auf den langen Weg.
Als ich mich in der Mitte der Großen Bleiche befand, erblickte ich schon den Schriftzug des Kinos Luxor. Normalerweise wäre ich vor dem Kino stehen geblieben und hätte mir die Fotos in den Schaukästen des aktuell gezeigten Filmes angeschaut.
Zu dieser Zeit liefen im Luxor anspruchsvolle deutsche und internationale Filme. Und ich war auch schon seit meiner Kindheit eine enthusiastische Kinogängerin.

Wahrscheinlich kannte ich an diesem Tag bereits das aktuelle Filmprogramm, da ich keinerlei Notiz von den Fotos nahm. Oder ich erinnerte mich in dem Moment so intensiv an meinen 18. Geburtstag, den ich einige Tage zuvor mit Freunden in meinem Mansardenzimmer ausgelassen gefeiert hatte. Und dann noch die Knutscherei mit meinem neuen Freund. Jedenfalls verspürte ich plötzlich einen starken Luftzug an meiner rechten Seite. Ich nahm ein fürchterliches Poltern und Scheppern wahr. In Gedanken lief ich ohne zurückzuschauen einfach weiter.

Kurz darauf kam mir eine Frau entgegen. Mit weit aufgerissenen Augen nahm sie mich in ihre Arme und schüttelte mich fest. Voller Entsetzen schrie sie: „Mädchen, wenn du nur einen Schritt nach rechts gegangen wärest, hättest du jetzt unter dem schweren Eisenträger gelegen. Der hätte dich glatt erschlagen und du wärst tot. Ich habe es genau gesehen."

Jetzt schaute ich zurück, sah Geröll und einen verrosteten Eisenträger auf der Straße liegen, der sich von dem halbrunden oberen Vordach des Kinoeingangs aus unerklärlichen Gründen gelöst hatte.
Ich muss so unter Schock gestanden haben, denn meine Stimme versagte. In diesem dramatischen Moment brachte ich keinen Ton heraus, löste mich aus der Umarmung der Frau und lief wie in Trance einfach weiter. Schließlich wollte ich pünktlich um neun Uhr im Büro sein.

Den ganzen Tag ging ich wie gewohnt meiner Arbeit nach und ließ mir nichts anmerken, so, als ob nichts geschehen wäre. Ich hätte meinen beiden Kollegen aus der Werbeabteilung, zu denen ein gutes Verhältnis bestand, den Vorfall erzählen können, und sie hätten mich sicher psychisch unterstützt. Aber im Nachhinein denke ich, es war eine Verdrängung des Geschehens.

Auf meinem Nachhauseweg von der Arbeit kam ich auf der anderen Straßenseite wieder an der Unglücksstelle des Kinos Luxor vorbei. Jetzt sah ich von gegenüber das ganze Ausmaß der Katastrophe. Der Eingang des Kinos war mit einer rotweißen Banderole weitgehend abgesperrt. Auf dem Boden lag noch der ca. drei Meter lange Eisenträger. Einige Passanten standen davor und schauten sich verwundert das Chaos an.
Ich wollte mir die Stelle nicht genauer ansehen und setzte meinen Weg eilig fort. Erst als ich zu Hause ankam, brach aus mir heraus, worüber ich den ganzen Tag geschwiegen hatte. Ich fiel meiner Mutter um den Hals und erzählte schluchzend, was heute früh vor dem Kino Luxor passiert war. Bestürzt erfasste sie die Situation:
„Um Himmelswillen, du hättest wirklich tot sein können. So ein Glück im Unglück, dass du unversehrt geblieben bist." Immer wieder stellte sie die Frage:

„Wie konnte das nur passieren?" Eine Antwort darauf hatte ich nicht.

Erst jetzt begriff ich, dass heute Morgen mein Leben nur an einem „seidenen Faden" hing, beziehungsweise an den wenigen Zentimetern Abstand zum heruntergefallenen Eisenträger, die mich vor dem Tod gerettet hatten.

Am nächsten Tag schrieb die „Mainzer Allgemeine Zeitung“ in einem Bericht mit dem passenden Foto: „Gestern löste sich ein schwerer Eisenträger vom Vordach am Eingang des Kinos Luxor. Die Gründe dafür werden noch bautechnisch untersucht. Zum Glück waren zu dieser Zeit keine Passanten in der Nähe, so dass niemand zu Schaden kam … Das Kino bleibt bis auf weiteres geschlossen.“

Es war das Jahr 1965. Das Kino wurde nie wieder eröffnet.

Danach zogen in die Räume des 1952 erbauten Filmtheaters wechselnde Geschäfte ein.

Als ich im September 2023 in Mainz an dem Gebäude des ehemaligen Kinos vorbeiging, klebten auf der Außenfassade diverse Plakate. Am Eingang stand groß „Ein Euro Shop“. Der war aber auch schon wieder geschlossen, wie mittlerweile so viele Geschäfte in der Mainzer Innenstadt.

Manchmal denke ich an das geschenkte Leben von damals zurück.

Milva

Am 23. April 2021 kam im Radio die kurze Meldung: „Die italienische Sängerin und Schauspielerin Milva ist heute nach langer Krankheit im Alter von 81 Jahren verstorben. In Deutschland wurde sie unter anderem durch Brecht-Lieder-Interpretationen bekannt."
Als ich die Nachricht hörte, dachte ich: lange nichts mehr gehört von „La Rossa", wie sie nicht nur wegen ihrer roten Löwenmähne genannt wurde, sondern auch wegen ihrer politischen Gesinnung. Und mir fiel eine Begegnung mit ihr im Hotel Kempinski vor fast 30 Jahren ein und mein schlechtes Gewissen, das ich ihr gegenüber all die Jahre hatte.

Während der Berlinale lief der Debütfilm einer italienischen Regisseurin. Ich hatte den Film angeschaut und fand den Inhalt banal. Milva spielte in einer unbedeutenden Nebenrolle mit. Sie sollte wahrscheinlich den Film aufwerten, machte ihn jedoch nicht besser.
Mich interessierte die nicht mehr junge Regisseurin, die den Mut aufbrachte, ihren ersten Kinofilm auf der Berlinale zu präsentieren. Für eine ZDF-Sendung

verabredete ich mich mit ihr zu einem Interview, das auf ihren Vorschlag im Hotel Kempinski in einem der hinteren Räume stattfinden sollte.
Als ich mit meinem Team, Kameramann, Kameraassistent, Tonmeister und Beleuchter anrückte, saß sie schon in einem der tiefen Sessel und begrüßte uns freundlich. Da sie kein Deutsch sprach, einigten wir uns, die Konversation auf Französisch zu führen. Großzügig fragte die Regisseurin, deren Namen mir nicht mehr einfällt, nach unseren Getränkewünschen. Wir bedankten uns und bestellten Kaffee und Mineralwasser.

Kurz vor Beginn des Interviews schwebte auf einmal Milva wie eine Fee in den Raum. Sie war bereits auf dem Höhepunkt ihrer Karriere. Erwartungsvoll stand sie vor uns, mit ihren langen, rotgelockten Haaren, in einem wunderbaren schwarzen Kleid. Man sah ihr förmlich an, dass auch sie gerne zu einem Interview bereit gewesen wäre. Die Regisseurin stellte mir Milva vor und fragte mich, ob ich sie auch interviewen wollte. Ich antwortete spontan und journalistisch unbedarft: „Non, ce n'est pas nécessaire." „Nein, das ist nicht nötig."

Daraufhin drehte sich Milva grollend einmal um die Achse, schmiss ihre Haare nach hinten und verschwand hinter einem Vorhang, der zu einer Tür führte.

Welch ein Affront gegenüber einem weltberühmten Star und welche Chance ich verpasste, sie zu interviewen, das war mir in dem Moment nicht bewusst.

Nach dem Interview verließ die Regisseurin schnell den Raum mit der Entschuldigung, sie hätte noch eine dringende Verabredung.

Wir waren gerade dabei, unser Equipment zusammenzupacken, da erschien der Kellner mit der Rechnung. Die Summe betrug, soweit ich mich erinnere, insgesamt 42 D-Mark. Ich war überrascht und erklärte dem Kellner, dass wir eingeladen worden seien und bat ihn, den Betrag bitte auf die Hotelrechnung der Regisseurin zu schreiben. Die wohne hier nicht, antwortete er, aber Milva.
Er schlug mir vor, die Rechnung auf deren Zimmernummer zu setzen. Ich hatte zugegebenermaßen keine Skrupel, es so zu machen, wie er empfahl.

Kichernd verließen wir das Hotel Kempinski.

Ich weiß nicht, wie die Geschichte ausging, da ich Milva nie wieder begegnet bin.

Aber als ich jedoch die Nachricht von ihrem Tod hörte, dachte ich, wie naiv und gemein ich mich doch damals ihr gegenüber verhalten habe.

Der Münchner Liebhaber und die Ausreden

An einem Morgen im August 1984 wachte Lisa gegen 8 Uhr verkatert auf. Die dunklen Vorhänge verhinderten, dass die Morgensonne in ihr Appartement eindringen konnte. Nur durch einen winzigen Spalt sickerte grelles Licht herein.
Schemenhaft entdeckte sie, wer da neben ihr im Bett lag, und staunte nicht schlecht. War er es wirklich? Günter Hoffmann? Noch schlief er fest, und Lisa fragte sich: Wie kommt ausgerechnet der in mein Bett?
Nachdem sie ihre Gedanken sortiert hatte, fiel es ihr wie Schuppen von den Augen.

Am Vortag hatte die Konferenz begonnen, die abwechselnd in Hamburg, München, Stuttgart und jetzt in Berlin stattfand mit honorigen Medienspezialisten aus verschiedenen Bundesländern. Mehrheitlich waren die Teilnehmer männlich. Lediglich zwei Frauen vertraten ihre Institutionen, die burschikose Frau Brandstätter aus Hamburg und die älteste aus dem erlauchten Kreis, die vornehme Frau von Hohenstedt aus München.

Am Ende der Tagung wurde an alle eine Einladung in das Promi-Restaurant „Heini Holl“ in der Damaschke Straße ausgesprochen, wo es die besten und dicksten Kohlrouladen Berlins gab. Nur die beiden Damen zogen es vor, den Abend im Hotel „Seehof“ am Lietzensee zu verbringen, in dem alle Teilnehmer wohnten.
Um die Gesellschaft etwas aufzulockern, wurde Lisa, die Sekretärin, ebenfalls eingeladen. Schließlich hatte sie auch an den Vorbereitungen und während der Tagung mitgearbeitet. Ihr Chef war der Meinung, dass sie selbstverständlich dabei sein sollte. Sie freute sich sehr über die Einladung, denn bei ihrem geringen Gehalt hätte sie sich einen Besuch bei „Heini Holl“ nicht so ohne weiteres leisten können.

Während des Essens wurde noch gefachsimpelt. Nur Günter Hoffmann aus München zeigte wenig Interesse, sich an den Gesprächen zu beteiligen. Vielmehr scherzte und flirtete er lieber mit Lisa, die er durch etliche Dienstbesuche bei ihrem Chef bereits kannte und auch schätzte. Nervös scharrte er schon mit den Füßen, weil er sich möglichst bald ins Berliner Nachtleben stürzen wollte, und zwar mit Lisa. Beide hatten sich bereits verständigt, einen Drink in der Bar „Galerie Bremer“ zu nehmen. Und weil er der attraktivste und sympathischste Mann in der Herrenrunde war, hatte sie nichts dagegen, mit ihm den Abend ausklingen zu lassen.

Gegenüber seinem Tischnachbarn erwähnte Günter kurz, dass er unter starken Kopfschmerzen litte und sich ins Hotel zurückziehen wolle, ohne sich groß zu verabschieden.
Beide passten den richtigen Moment ab, um sich möglichst unauffällig aus dem Restaurant zu schleichen. Zuerst ging Günter, dann Lisa.

Überschwänglich und mit großer Freude empfing der Besitzer der angesagten Bar „Galerie Bremer“ die beiden Neuankömmlinge. Lisa gehörte dort zu den Stammgästen und stellte ihren Begleiter vor. Es herrschte eine gute Stimmung rund um den Tresen. Genau das Richtige nach der langweiligen, ermüdenden Gesellschaft bei „Heini Holl“.
Der Barkeeper mixte ihnen sofort seinen Spezialdrink: Mojito mit viel weißem Rum, Minze und frischem Limettensaft.
Es blieb nicht bei einem Drink. Günter bestellte weitere Drinks und Lisa hielt kräftig beim Trinken mit. Wie viel getrunken wurde, machte sich erst später auf der Rechnung bemerkbar, die selbstverständlich auf Geschäftskosten ging.

Als das Lieblingslied von Lisa ‚Nights in white satin‘ ertönte, zerrte sie Günter auf die kleine Tanzfläche. Vom vielen Alkohol spürte sie kaum noch ihre Beine und hielt sich eng umschlungen bei Günter fest. Nach dem zweiten Lied setzten sie sich wieder an die Bar und fingen an zu knutschten, was das Zeug hielt.

Gegen zwei Uhr verließen sie die Bar, und sie waren sich einig, die Nacht zusammen zu verbringen. Wankend steuerten sie das nahegelegene Appartement von Lisa an. Danach war absoluter Filmriss.

Langsam bewegte sich Günter aus dem Bett. Auch ihm hatte der Alkohol schwer zugesetzt, und er wusste im ersten Moment nicht, wo er sich überhaupt befand. Schlagartig fiel ihm ein, dass er sich zum Frühstück um 8.30 Uhr zu einem Gespräch mit Frau von Hohenstedt im Hotel „Seehof" verabredet hatte. „Ich muss sofort los", sagte er und zog sich hastig an. „Es ist schon viel zu spät. Die von Hohenstedt kennt keinen Spaß, wenn ich nicht pünktlich bin. Da muss ich mir eine gute Ausrede einfallen lassen."

Auf dem Regal lag eine ältere Fernsehzeitschrift, die Lisa wegen eines Artikels seit langer Zeit aufbewahrte. Ohne zu fragen nahm Günter die Zeitschrift in der Hektik einfach mit, bestellte sich ein Taxi und fuhr zum Hotel. Jetzt musste er sich sputen, wenn er noch einigermaßen pünktlich zur Verabredung kommen wollte.

Lisa dagegen hatte keine Eile, zur Arbeit zu gehen.
Am Nachmittag erschien bei ihr im Büro ein etwas ramponierter Günter, der ihr kichernd erzählte, welches Missgeschick ihm vor ein paar Stunden passiert war.
Frau von Hohenstedt hätte ihn, wie erwartet, mit strengem Blick am Frühstücktisch empfangen. Für die Verspätung entschuldigte er sich mit der Ausrede, dass er

vorher noch eine Fernsehzeitschrift am Kiosk gekauft hätte, die er auf den Tisch legte. Mit wachen Augen stellte Frau von Hohenstedt jedoch fest, dass die Zeitschrift schon zwei Jahre alt sei. Sie hätte sich sehr darüber gewundert. Er aber auch. Mit fester Überzeugung hätte er ihr jedoch klar gemacht, dass in Berlin eben alles anders sei als in Bayern.
Ob er sich tatsächlich mit dieser Äußerung aus der peinlichen Situation herausreden konnte, verriet Günter nicht.

Jetzt konnte sich Lisa vor Lachen kaum halten. Nicht nur wegen der Ausrede.
„Da hast du einfach meine alte abgegriffene Fernsehzeitschrift als Alibi mitgenommen? Das ist ja ein Ding!"

Monate später. Es folgte der nächste Fauxpas.

In einem Telefonat mit Günter kündigte Lisa an, demnächst ihre Freundin in München zu besuchen und wenn er Zeit und Lust hätte, könnten sie sich doch treffen. Freudig antwortete er: „Ja, gerne. Sage mir bitte wann, dann richte ich es ein und wir gehen zusammen essen", und er schlug ein erstklassiges Restaurant in Grünwald bei München vor.

Günter war unverheiratet, lebte aber seit Jahren mit seiner Lebensgefährtin in einem Haus außerhalb von München zusammen. Das wusste Lisa, da er sich bei ihr einmal leidvoll über die kostspieligen Ansprüche seiner Partnerin beklagte. Immer nur auf die teuerste Garderobe würde sie achten, die er mitfinanzierte. Bedauern wollte sie Günter deswegen nicht. Es war so gar nicht ihre Welt, und es interessierte sie auch nicht. Schließlich hatte sie auch keinerlei Ambitionen auf eine engere Beziehung mit ihm. Zugegeben, Günter war für sein Alter ein attraktiver Mann, aber was sollte sie mit einem zweiundzwanzig Jahre älteren Mann in München? Sie lebte gerade mal seit drei Jahren in Berlin, hatte bereits einen großen Freundeskreis um sich geschart und genoss die Stadt in vollen Zügen. Mit Günter sollte es lediglich eine freundschaftliche Verbindung sein.

Um 13 Uhr verabredeten sie sich in der Nähe des Marienplatzes.
Vorher nutzte Lisa die Zeit zu einem Bummel in der Kaufringer Straße. In einem großen Kaufhaus entdeckte sie in Kauflaune ein Angebot: drei Schlüpfer zum Preis von 6,99 Mark. Sie sahen keinesfalls sexy aus, aber dafür bequem und das zu einem echten Schnäppchenpreis. Lisa ließ sich die feingerippten Baumwollschlüpfer in Gelb, Rosa und Hellblau in eine Tüte mit der Aufschrift des Kaufhauses einpacken.
Eilig setzte sie ihren Weg fort und nur mit fünf Minuten Verspätung war sie an dem verabredeten Platz. Beim Einsteigen in den weißen Mercedes schmiss sie mit Elan die Tüte auf die hintere Sitzbank, gab Günter einen dicken Begrüßungskuss und beide waren erfreut, sich wiederzusehen.

Sie verbrachten bei vorzüglichem Essen einen vergnüglichen Nachmittag in Grünwald. Anschließend fuhr Günter Lisa vor das Haus ihrer Freundin. Ohne zu zögern bot er an, sie in die Wohnung zu begleiten, um mit ihr noch ein wenig zusammen zu sein. Zeit hätte er. Lisa durchschaute natürlich seine Absicht, aber sie hatte absolut keine Lust auf eine „schnelle Nummer" und schon gar nicht in einer fremden Wohnung. Obwohl sie wusste, dass die Freundin erst gegen Abend nach Hause kommen würde, lehnte sie das Angebot ab.

Wieder in Berlin.
Einige Tage später klingelte bei Lisa das Telefon. Am anderen Ende war ein aufgeregter Günter in München. Er fiel gleich mit der Tür ins Haus:
„Hast du eine Tüte in meinem Auto vergessen?"
Ärgerlich erzählte er, dass seine Lebensgefährtin im Auto eine Tüte mit drei Schlüpfern entdeckt und ihm deshalb eine gewaltige Szene gemacht hätte.
Weder hatte er eine Erklärung dafür, noch konnte er behaupten, dass er ihr damit ein Geschenk machen wollte. Die Schlüpfe entsprachen nicht ihrem Stil und auch die Größe passte nicht. Die Tüte landete in der Mülltonne.
Erst jetzt fiel Lisa auf, dass sie überhaupt nicht mehr an die Schlüpfer gedacht und sie auch nicht vermisst hatte. Natürlich war es ihr höchst peinlich und sie entschuldigte sich dafür, dass sie unbeabsichtigt die Tüte im Auto vergessen hatte. Das wollte Günter ihr nicht glauben und legte mitten im Satz den Hörer auf.

Es war das Ende einer Freundschaft.
Schmunzelnd dachte Lisa, ihr Münchner Liebhaber brauchte wieder mal eine triftige Ausrede. Jetzt für sein Luxusweib.

Seltsamerweise waren die Geschäftsverbindungen zwischen Günter Hoffmann und ihrem Chef nach Monaten beendet worden.
Die Gründe dafür hatte Lisa nie erfahren.

Bus 100

Normalerweise fahre ich mit meinem Auto überall hin. Ich denke nie darüber nach, ob ich einen Parkplatz bekomme oder nicht. Bisher hat das auch, manchmal umständehalber, immer geklappt.
Das Auto gehört zu meiner Unabhängigkeit und Selbstbestimmung. Schließlich kann ich entscheiden, wann ich losfahre und wie schnell ich von A nach B komme. Das war besonders wichtig während meiner aktiven Arbeitszeit. Aber auch als Rentnerin ist mir mein Auto ein „treues Gefährt" geblieben, trotz des oft unsäglichen Verkehrsaufkommens in der Stadt. Nur selten benutze ich die öffentlichen Verkehrsmittel. Höchstens wenn es sich anbietet, ein Ziel damit bequem zu erreichen.

So an einem Samstag im November 2021.

Mit zwei Freundinnen saß ich auf dem Weg zu einem Konzert im Pierre Boulez Saal im BVG-Bus 100 vom Bahnhof Zoo in Richtung Alexanderplatz. Hinter dem Steuer des „Großen Gelben", wie die Doppelstöcker Busse in Berlin heißen, saß eine auffällig geschminkte,

blonde Frau mittleren Alters. Vorn bei der Busfahrerin drängten sich die Fahrgäste zum Bezahlen. Der Bus wurde immer voller.
Wir nahmen das Stimmengewirr aus dem Süden und Norden Deutschlands und dazu die englisch, italienisch, spanisch sprechenden Fahrgäste wahr. Gerade diese Buslinie ist ein beliebtes Fortbewegungsmittel bei Touristen, weil sie Stationen von Berliner Sehenswürdigkeiten abfährt.
Wir freuten uns, dass nach langer Zeit des durch Corona bedingten Stillstandes endlich wieder Touristen Berlin besuchten.

Beim Straßenverlauf „An der Urania“ stockte der Verkehr, und plötzlich kam im breiten Berliner Dialekt eine Durchsage:

„Ick muss ne Umleitung fah’n. Kennt sisch jemand aus hier?“

Alle Fahrgäste, die die Ansage verstanden hatten, lachten und glaubten, dass das der Mutterwitz einer Berliner Busfahrerin sei. Es dauerte keine Minute, da kam wieder die gleiche Durchsage. Die Stimme klang jetzt verzweifelt. Es war kein Witz, sondern Ernst. Spontan verließ ich meinen Sitzplatz und ging nach vorne. Außer mir regte sich niemand.

„Was ist denn los?“, fragte ich die Busfahrerin.

„Ick fahr heute dit zweete Mal und kann nisch de normale Tour übern Großen Stern fahren, wegen die blöde Umleitung“, kam die Antwort.

„Ich kann Ihnen helfen. Ich bin Autofahrerin und kenne die Strecke“, beruhigte ich sie. Ich setzte mich auf den Nebenplatz und gab von nun an das Kommando aus: „Rechts, geradeaus, an der Ampel links, geradeaus ...“

Kurz vor dem Brandenburger Tor kam ein Fahrgast nach vorne gestürzt: „Wir wollen zum Tipi-Zelt. Wo sollen wir aussteigen?“
Ich riet: „Dann jetzt sofort!“ Die Fahrerin hielt den Bus an und öffnete die Türen.

Von weitem konnten wir die Sperrungen für eine Demonstration sehen. Die Fahrt wurde auf mein Geheiß in der Behrensstraße fortgesetzt, bis es wieder links in die Straße „Unter den Linden“ weiter ging.

„Wissen Sie jetzt, wo wir sind?“ wollte ich von der Fahrerin wissen.

„Ja, jetzt kenn Ick mir aus! Ick bedanke mir von Herzen bei Ihnen!“ sagte eine erleichterte Busfahrerin.

An der Haltestelle „Staatsoper“ hatten wir unser Ziel erreicht. Bevor wir ausstiegen, rief die Busfahrerin mir zu: „Noch allet jute. Ohne Sie hät ick det nisch jeschafft.“

Einige Fahrgäste klatschten und winkten mir zu.

Als gebürtige Mainzerin, die bereits 49 Jahre in Berlin lebte, hatte ich es geschafft, eine waschechte Berlinerin, die wahrscheinlich auch schon ihre 49 Lenze auf dem Buckel hatte, samt Bus durch den Großstadtdschungel zu lotsen.

Der Berliner Liebhaber und die Prinzipien

Es wäre das Letzte gewesen, was sich die fünfunddreißigjährige Lisa vorstellen konnte: die Geliebte eines verheirateten Mannes zu sein. Das hatte sie auch gar nicht nötig. Denn in ihrem Freundeskreis gab es genügend alleinstehende Männer zum Flirten und Sonstigem ... Obwohl, darunter befanden sich auch einige Homosexuelle, die so gar nicht für das Sonstige geeignet waren.

Und doch ergab es sich bei einer feuchtfröhlichen Runde, dass Lisa dabei war, ihr Tabu gegenüber einer Liebschaft mit einem verheirateten Mann zu brechen. Mitternacht war bereits überschritten und der Alkohol machte sich bei allen Anwesenden schon bemerkbar. Kurzerhand nahm der verheiratete Fritz Schulz unverfroren Lisa in seine Arme und knutschte heftig mit ihr.

Den Urberliner Fritz Schulz kannte Lisa schon seit geraumer Zeit, und er machte nie Anstalten zu einem

Flirt. Sie hörte gerne zu, wenn der Dreiundfünfzigjährige aus seinem unermesslichen Filmbranchenrepertoire erzählte, das ihr imponierte.
Schulz war mit einer fünf Jahre älteren bekannten Schauspielerin verheiratet, besaß eine florierende Filmproduktion, hatte ein fröhliches Gemüt und war darüber hinaus immer zu Scherzen aufgelegt.

„Ach, meine Kleene, du hast so ein frisches Wesen. Du gefällst mir“, schmeichelte Fritz lallend bei einer kurzen Knutschpause. „Ich mag dich sehr.“ Und Lisa erwiderte raunend: „Ich mag dich auch!“
Kurze Zeit später verließen beide torkelnd das Lokal und fuhren gemeinsam mit dem Taxi davon. Zuerst wurde Lisa vor ihrer Haustür in Wilmersdorf abgesetzt, dann fuhr Fritz weiter in seine Villa im Grunewald. Nicht ohne ihr beim Abschied zu versprechen, sie auf alle Fälle wiedertreffen zu wollen.
Für Lisa bedeutete der Abend eine einmalige Angelegenheit, ohne weitere Folgen. Aber sie rechnete nicht mit der Beharrlichkeit ihres neuesten Verehrers. Fritz Schulz drang darauf, sie am Freitag, 17 Uhr, zum Essen in ein Restaurant ihrer Wahl einzuladen.

Dieser Freitagtermin wurde zu einem festen Ritual. Es wiederholte sich jede zweite Woche im Monat. Ehrlicherweise gab Fritz zu, dass seine Ehefrau zu dieser Zeit sich mit ihren Freundinnen in der Sauna trifft.
Und warum sollte er sich dann nicht mit seiner Freundin in deren Wohnung treffen?

Aus den Beiden wurde ein heimliches Liebespaar, und die Beziehung steigerte sich zur klassischen Affäre: reicher, verheirateter Mann, der seine junge Geliebte mit teuren Geschenken überschüttete, um sie bei Laune zu halten.

Fritz brachte Lisa teures Parfüm mit, zuweilen Feinkost vom KaDeWe, einmal sogar einen kleinen Brillanten an einer Goldkette.

Als Lisa ihr Auto zu Schrott gefahren hatte, schenkte er ihr einen „Steyr-Puch 500“ Gebrauchtwagen.

Dann wollte Fritz ihr auch noch einen Pelzmantel aus Fuchsfell kaufen, der zu dieser Zeit sehr in Mode war. Fürsorglich meinte er, sie solle im Winter nicht frieren und dabei auch schick aussehen.

Lisa zögerte. Das war ihr jedoch zu viel des Guten, und es deutete zu sehr auf „klassische Geliebte“, die sie eigentlich nicht sein wollte. Jedoch schien sie das längst zu sein. Das Paar einigte sich darauf, dass Lisa die Kaufsumme des Pelzmantels mit monatlich 100 Mark ablösen sollte.

All die Geschenke wären gar nicht nötig gewesen. Mittlerweile war Lisas Zuneigung zu ihrem Liebhaber so gewachsen, dass sie zufrieden über das Beisammensein war – auch ohne Präsente.

Seit Jahren fuhren Fritz und seine zwei Skatbrüder für eine Woche nach Mallorca. Das gönnten sich die Drei, einfach mal weg von der Arbeit, raus aus Berlin und unbeschwert ohne Familie zu sein.

Nun kam Fritz auf die Idee, Lisa zu der Reise einzuladen. Abgesprochen wurde, dass Fritz sie schon beim

Checkup „anmacht" und dabei feststellt, dass die Alleinreisende im gleichen Hotel untergebracht ist wie er und seine Freunde. Außerdem sollte sie eine andere Identität erhalten: statt Sekretärin, die sie gewesen war, jetzt Architektin. Da ihr die genauen Aufgaben in diesem Beruf nicht bekannt waren, hatte sie Bedenken.
„Kleene, das kriegen wir schon alles hin. Lass mich das mal machen!", meinte der kluge Fritz zuversichtlich. „Hauptsache, du bist bei mir und wir verbringen schöne Tage bei Sonne und Meer."
Lisa empfand das als Abenteuer und stimmte voller Begeisterung der Reise zu.

Genauso, wie von Fritz geplant, geschah es.

Neidvoll fragten sich die Skatbrüder, wie Fritz das so schnell hingekriegt hatte, mit der Architektin anzubändeln und gleich die erste Nacht in ihrem Zimmer zu verbringen.
Prompt suchten sich die beiden am nächsten Tag auch Partnerinnen für ihren Urlaub. Sie wurden in einer Diskothek bei zwei Freundinnen aus dem Ruhrgebiet fündig und erfolgreich. Jetzt wurde es ein entspannter Urlaub zu sechst.

Auf dem Rückflug nach Berlin saßen Fritz und Lisa Händchen haltend zusammen und ließen die wundervolle Zeit Revue passieren.
Jedoch kurz vor der Landung setzte er sich auf einen anderen Platz mit der Bemerkung: „Wir verabschieden

2018

uns schon mal jetzt. Meine Frau wird nämlich am Ausgang stehen und mich in Empfang nehmen. Nicht, dass du auf die Idee kommst und mit mir eine Abschiedsarie veranstaltest."

Lisa fragte ihn, was das bedeuten solle. Plötzlich so ein harter Schnitt zu dem, was noch vor wenigen Minuten Gültigkeit hatte?

Fritz wollte in seiner Ehe kein Risiko eingehen. Es sollte so sein wie immer. Drei Freunde kommen aus dem Mallorca-Urlaub nun wieder freudig zu ihren Familien zurück.

Am Laufband standen Fritz und seine Skatbrüder demonstrativ weit entfernt von Lisa und warteten auf ihre Koffer. Von keinem der Drei wurde sie jetzt beachtet. Diese Art von Kameraderie gefiel ihr überhaupt nicht. Es machte sie wütend. Mit so einer Erniedrigung, ja Beleidigung hatte sie nicht gerechnet.

Am Ausgang beobachtete sie, wie Fritz von seiner Ehefrau beschwingt und mit Küssen begrüßt wurde. Dabei kam Wehmut bei Lisa auf. So eine verdammte Scheiße, dachte sie.

Aber dann entdeckte sie in der Flughalle, wie eine Fata Morgana, ihre beste Freundin Hanne. Diese war als einzige in die Reise eingeweiht. Unterm Arm trug Hanne eine gekühlte Flasche Sekt und zwei Gläser zur Begrüßung. Überglücklich fiel Lisa ihr um den Hals und war den Tränen nahe. Die Flasche wurde sofort geköpft. Im Schnelldurchgang erzählte die Urlauberin von den

tollen Erlebnissen auf Mallorca und dem schmerzhaften Abschied. Der tröstende Kommentar von Hanne: „Mach dir nichts daraus. Hauptsache du hattest trotzdem schöne Tage mit Fritz“, und weiter: „So ist das nun mal, wenn man sich in einen verheirateten Mann verliebt. Nimm dir zukünftig nur das mit, was dir guttut in der Beziehung“.
Sie hatte so recht!

Das Verhältnis zu Fritz legte Lisa zunächst auf Eis.
Aber es dauerte keine zwei Monate, da stand der Liebhaber wieder vor ihrer Tür. Sie hielt ihm die Enttäuschung über sein schäbiges Verhalten vor. Dafür brachte er tausend Entschuldigungen an. Zögerlich ließ sich Lisa wieder überreden, und alles fing von vorne an. Nur, dieses Mal wollte sie ihre Emotionen besser im Griff behalten und „gönnte“ sich das Zusammensein, aber zu ihren Bedingungen. Sie stellte mit Genugtuung fest, wie sehr Fritz doch an der Beziehung hing. Als Liebesbeweis sprach er sogar davon, mit ihr ein Kind zu zeugen und sie finanziell abzusichern. Das lehnte Lisa kategorisch ab. Kaufen lassen wollte sie sich auf keinen Fall und auf alleinerziehende Mutter hatte sie nun wirklich kein Verlangen.

Was lief nur schief in der Ehe von Fritz? Darüber wurde nie gesprochen.

Es näherte sich die jährliche Reise der Skatbrüder nach Mallorca. Dieses Mal wurde ein Luxushotel ausgesucht.

Auch Lisa wurde wieder eingeladen. Sie sollte sich die entsprechenden Reiseunterlagen in einem bestimmten Reisebüro abholen, verfügte Fritz.
Aber dann kam bei Lisa die große Ernüchterung: Wie lange wollte sie die versteckte Mätresse, das Betthäschen eines verheirateten Mannes sein? Wollte sie noch einmal so eine Begrüßungsszene mit der Ehefrau erleben?
Oh, nein, nicht wieder!

Schnell entschlossen ging sie ins Reisebüro, legte ein ärztliches Attest vor und stornierte die Reise. Das war unproblematisch. Lisa fiel ein Stein vom Herzen, und sie war stolz auf dieses Bravourstück.

Am nächsten Tag informierte Lisa telefonisch Fritz Schulz von ihrer Absage der Reise. Wenig später stand er wütend bei ihr in der Wohnung und ließ, schnaubend wie ein Stier, eine Hasstirade nach der anderen gegen sie los.
Gelassen ruhig und mit verschränkten Armen hörte sich Lisa an, dass sie undankbar sei, dass sie rücksichtslos sei, dass sie egoistisch sei, und als letztes, dass er nicht versteht, solch einen Urlaub abzulehnen, den sie sich von ihrem geringen Gehalt als Sekretärin nie leisten könnte.
Jetzt gingen die Vorwürfe zu weit. Da platze Lisa endgültig der Kragen, wies Fritz mit aller Deutlichkeit die Tür und forderte im barschen Ton: „Raus hier, aber sofort!“

Dann verschwand der ehemalige Liebhaber für immer aus ihrem Leben.

Ausflug in den Spreewald

Keiner meiner Freunde hatte so ausgefallene Geburtstagseinladungen wie Thomas. Jedes Jahr überraschte er uns mit neuen Ideen.
Dieses Mal, im Jahr 2016, fiel sein Geburtstag auf einen Pfingstsonntag.
In der Einladung stand lediglich, sportliche Kleidung zu tragen und wo der Treffpunkt wäre. Es sollte mal wieder eine Überraschung sein.
Alle Gäste fanden sich zu der bestimmten Uhrzeit auf dem Bahnhof Zoologischer Garten, Bahnsteig 2, ein.
Da es an dem Morgen kühl war und das Wetter für den Tag keine Wärme versprach, zog ich einen dickeren Pullover, darunter ein T-Shirt, Jeans, darüber meinen Anorak an. Ich fühlte mich gut präpariert für all das, was auf mich zukommen könnte und fuhr mit dem Bus zur vereinbarten Stelle.

Wohin wir fuhren und was wir unternehmen würden, verkündete Thomas erst auf dem Bahnsteig.
Ziel: der Spreewald in Lübbenau.

„Jeder bekommt ein Boot für zwei oder drei Personen zugeteilt. Gepaddelt wird zum Gasthaus Wotschofska. Dort erwartet euch eine Spreewald-Spezialität: Quark mit Leinöl und Salzkartoffeln.“
Zwei Gäste traten auf der Stelle von der Aktion zurück. Sie hatten weder die passende Kleidung, noch Interesse an der Tour.
Wir restlichen zwölf fuhren frohen Mutes mit dem Regionalzug nach Lübbenau, neugierig auf das, was uns dort erwartete.

Beim Bootsverleih teilte uns Thomas diverse Boote zu. Zu dritt bestiegen sein Sohn Christian, die 11-jährige Amy, Tochter seiner Freundin Beate, und ich das Kanu mit den Stechpaddeln.
Allein das Einsteigen bereitete mir schon Schwierigkeiten. Noch nie hatte ich in so einem flachen Boot gesessen. Und schon tat ich meine Bedenken kund: ob das gut gehen kann? Drei Unerfahrene paddeln durch das Fließ im Spreewald?
Aber der fünfzehnjährige Christian besänftigte mich, ich solle keine Angst haben, und brüstete sich damit, schließlich würde er sich mit Bootfahren seit seiner Kindheit auskennen.
Wegen der Gewichtsverteilung saß ich in der Mitte, Amy vorne und hinten der „Kapitän“, wie ich Christian jetzt nannte.
Die Bootsverleiherin brachte mir noch eine wasserdichte Plastikhülle für meine Handtasche.
Wir waren die letzten in dem Konvoi, die abfuhren. Und

weil es um die Kurve ging, sahen wir die Vorausruderer schon nicht mehr.
Ich tauchte das Stechpaddel einmal links, dann rechts ins Wasser. Die ungewohnten Bewegungen bereiteten mir nach wenigen Minuten schon Qualen, und ich dachte, das kann „heiter“ werden. Schließlich lagen mindestens drei Kilometer noch vor uns.

Und „heiter“ wurde es auch.

Aus unerklärlichen Gründen steuerte plötzlich Christian das Kanu scharf auf die linke Seite des Ufers zu, wo sich ein Brombeerbusch mit seinen Stacheln bis zum Fließ rankte. „Hilfe“, schrie ich vor Schreck und sah keinen anderen Ausweg den Stacheln zu entkommen, als mich nach rechts zur Seite zu drehen. Dabei kenterte das Kanu und wir fielen alle Drei ins Wasser. Aber wir konnten stehen. Ich versank jedoch mit meinen Turnschuhen bis zu den Fußfesseln im Schlamm.
Der kleinen Amy stand das Wasser bis zur Schulter. Bei Christian und mir reichte das Wasser bis zu den Hüften. Bei dem Schrecken galt meine große Sorge Amy und Christian, die sich aber leichtfüßig schnell an das gegenüberliegende Ufer retteten und eine kleine Mauer hochklettern konnten. Ich hatte allergrößte Mühe meine Beine, die bleischwer waren, aus dem Schlamm zu befreien. Am Ufer standen einige Passanten, die mir zuriefen, dass ich in kurzen Schritten laufen solle, sie würden mich aus dem Wasser ziehen. Und tatsächlich hatte ich es bis zum Ufer geschafft.

Wie viele männliche Hände mich letztendlich aus dem Wasser zogen, wusste ich nicht mehr. Auf jeden Fall, ich war gerettet.
Vollkommen durchnässt lag ich wie eine Flunder auf dem Boden. Nur mit Hilfe konnte ich aufstehen.
Da die Unfallstelle nur wenige Meter vom Bootsverleih entfernt war, liefen wir dorthin. Auf dem Weg hinterließen wir nasse Spuren. Um das Kanu hatten wir uns nicht gekümmert.
Dankenswerterweise versorgte uns die Bootsvermieterin mit Handtüchern, Decken, Strümpfen und T-Shirts. Unsere nassen Sachen hängten wir auf die Leine, in der Hoffnung, dass alles trocknet, bevor wir später mit dem Zug nach Berlin fahren würden.
Mittlerweile warteten Thomas und Beate an einer Einbuchtung auf uns. Als sie bemerkten, dass wir nicht nachkamen, wendeten sie ihr Boot, sahen das leere Kanu und machten sich Sorgen. Kurze Zeit später kehrten auch sie mit dem leeren Kanu im Schlepptau zum Bootsverleih zurück. Beate umsorgte ihre Tochter, blieb bei uns, und Thomas stach wieder mit dem Ruderboot ins Wasser zu den anderen Gästen, die auf ihn im vereinbarten Lokal warteten.

Ich hatte mir die Decke mit dem auffälligen Tigermuster zu einem langen Rock um mich geschlagen und ein überdimensionales T-Shirt mit einem furchterregenden Drachenabbild darüber gezogen. Dazu trug ich schwarze Herrensocken.

Scherzhaft nannte ich das Modell: „Pfingsten im Spreewald".
Auch Christian hatte eine eigentümliche Verkleidung. Nur für Amy stellte die Bootsverleiherin passende Kinderbekleidung von ihrer Enkelin zur Verfügung.
Da wir alle großen Hunger hatten, und kühl war es noch dazu, gingen wir in das nahgelegene Restaurant. Dort sahen uns die gutangezogenen Gäste verwundert an. Es war ja schließlich Feiertag.
Ich fühlte mich bemüßigt eine Erklärung abzugeben: „Normalerweise sehe ich so nicht aus. Uns wurden die Klamotten ausgeliehen. Wir sind nämlich mit dem Boot gekentert." Und schon bekamen wir verständnis- und mitleidsvolle Blicke zugeworfen.
Ganze vier Stunden verbrachten wir in dem wohligen Restaurant. Inzwischen trudelten die Geburtstagsgäste ein, die uns trösteten und bedauerten, dass uns dieses Missgeschick passiert war.

Langsam wurde es Zeit, den Bahnhof zu erreichen.

Ich war zuversichtlich, dass mittlerweile meine Sachen trocken sein müssten. Aber mitnichten. Ich packte meine immer noch nassen Klamotten und die Turnschuhe in eine große Plastiktüte ein. So blieb ich in Herrensocken und der seltsamen Kostümierung „Pfingsten im Spreewald".

„Ich bestelle euch ein Taxi zum Bahnhof", kündigte Thomas umsichtig an.

Aber alle Versuche, telefonisch ein Taxi zu bestellen, waren vergeblich. Uns blieb nur der lange, beschwerliche Weg zum Bahnhof zu Fuß.
Ich spürte jeden kleinen Stein durch die Socken.
Dazu mussten wir uns auch noch beeilen, damit wir den Zug erreichten. Sonst hätten wir erst zwei Stunden später fahren können.
Quasi in letzter Minute bestiegen wir den Zug.

Ich wollte die knapp zwei Stunden Fahrt nutzen, um meine Sachen zu trocknen und packte sie aus der Tüte. Ein entsetzlicher modriger Gestank kam mir entgegen. Der störte auch die übrigen Fahrgäste, und peinlich berührt verstaute ich alles wieder in der Tüte.
Ich malte mir schon den Heimweg in Berlin mit meinem heiklen Auftreten aus.
Glücklicherweise bot sich ein beherzter Fahrgast an, mich in seinem am Bahnhof geparkten Auto nach Hause zu fahren.

Als ich im Hausflur meine Nachbarin traf, fragte sie verwundert, ob ich auf einem Kostümfest gewesen sei. Nein, konterte ich, auf einem Geburtstagsfest.

September 2021 – Die Zeit vergeht, die Erinnerung bleibt

Ich hatte eine Einladung zur Premiere eines Boulevardstückes. Von vornherein wusste ich, dass mich die Aufführung nicht sonderlich interessieren würde. Das bestätigte sich auch während der Vorstellung. Gelangweilt sah ich dem Treiben auf der Bühne zu und hoffte auf ein baldiges Ende.

Den Schauspielern zolle ich jedoch immer meinen Respekt, die nach meiner Meinung ihr Bestes geben. Egal ob der Inhalt oder die Inszenierung gut oder schlecht ist. Ich könnte nicht auf einer erleuchteten Bühne stehen, wohlwissend, hunderte von Menschen sitzen unten im Zuschauerraum und starren mich an.

Nach der Vorstellung gab es noch eine Premierenfeier im Garten. Da ich einige Schauspieler und Gäste kannte, wurden die üblichen oberflächlichen Begrüßungsküsschen ausgetauscht. Ich hatte schon die Befürchtung, auf das Stück angesprochen zu werden und eine

Einschätzung darüber zu geben. Doch der Kelch ging glücklicherweise an mir vorüber.
Es herrschte eine ausgelassene Stimmung. Dass der Abend noch eine besondere Überraschung für mich bereithielt, ahnte ich nicht.
Um Mitternacht ertönte aus dem Lautsprecher das Lied: „Happy Birthday". Es war der Auftakt zu einer Geburtstagsfeier. Das nicht mehr junge Geburtstagskind, einige Jahre über achtzig, bekam viel Applaus. Gratulanten bildeten eine Schlange, um dem vitalen Jubilar Glückwünsche auszusprechen. Ich stellte mich dazu. Als ich an der Reihe war, drückte und küsste ich den Mann, dem ich das letzte Mal vor 49 Jahren begegnet war. Er bedankte sich freundlich, und der nächste Gratulant stand schon bereit.
Sofort wurden bei mir alte Erinnerungen wach, welch eine berauschende Zeit ich mit ihm verbracht hatte.

Sommer 1972. Bei einer Jubiläumsfeier eines Fernsehsenders in Wiesbaden, zu der ich eingeladen war, begann schon am selben Abend unsere heftige Affäre. Sie setzte sich in Berlin fort, wo ich seit drei Monaten wohnte. Wir trafen uns meistens in meiner Stammkneipe, tranken uns in einen Rausch und gingen anschließend in mein kleines Appartement.
Die Beziehung hielt jedoch nur wenige Monate. Schließlich war der Mann verheiratet und ich hatte keine Lust, die Zweitfrau zu spielen. Das machte ich ihm deutlich und beendete unser Verhältnis.
Nahtlos war bei ihm die Nächste dran. Jetzt fing er eine

kurzzeitige Beziehung mit meiner Kollegin an, die ich ihm zuvor vorgestellt hatte.
Zu der Zeit war er als Schauspieler einem überschaubaren Publikum bekannt. Er hatte längst noch nicht die Berühmtheit erlangt, die erst später folgte. Nach dem Ende der Beziehung sind wir uns nie wieder persönlich begegnet.

Auf keinen Fall wollte ich ihn bei seiner Geburtstagsfeier an unsere wilde Zeit erinnern. Zumal er mich offensichtlich nicht erkannt hatte. Das war auch gut so. Immerhin waren fast fünfzig Jahre vergangen, und ich war wahrscheinlich nur eine seiner zahlreichen Episoden.

Schmunzelnd und voller Erinnerungen habe ich den Rest der Feier genossen. Die „Kavalierin“ genießt und schweigt.

Die Küchenmaschine für den Iran

In zwei Wochen will Karin zusammen mit Ali den Iran bereisen. Es ist bereits das dritte Mal in diesem Jahr 2012, dass sie das Land ihres Freundes besucht. Sie freut sich schon sehr, denn inzwischen hat sie die Erfahrung gemacht, wie gastfreundlich und zuvorkommend die Menschen gegenüber Touristen sind.
Sie fragt Ali, was sie seiner Mutter mitbringen könne. Eine Küchenmaschine wäre gut. Darüber würde sich seine Mutter besonders freuen, antwortet er.

Also kauft Karin eine Bosch Küchenmaschine, die etwa zweihundertfünfzig Euro kostet. Mit Verpackung misst das Paket circa 50 x 30 x 30 Zentimeter, und das Gewicht beträgt zehn Kilogramm. Karin bemalt den Karton sehr auffällig, damit er am Flughafen in Teheran leicht zu erkennen ist.

Am Tag des Hinflugs kommt sie mit ihrem Gepäck und der Küchenmaschine am Flughafen Schönefeld an.

Beim Einchecken fragt die Dame am Schalter, was in dem Karton sei. Ehrlich gibt Karin die Antwort: „Eine Küchenmaschine." Barsch sagt die Dame am Schalter: „Die wird nicht mitgenommen."
Das wundert Karin sehr, denn sie weiß, dass fast alle Iraner, die in die Heimat reisen, Fernseher und alles Mögliche an Geräten mitnehmen.

Jetzt versucht sie zu verhandeln. Karin besteht darauf, dass das Paket eingecheckt werden soll. Daraufhin meint ihr Gegenüber, das kann sie machen. Aber es wird an anderer Stelle auf einem Fließband wieder erscheinen.

Einen Versuch ist es wert. Der Karton verschwindet auf dem Fließband. Misstrauisch geht sie an die Stelle, die ihr genannt wurde, wo die Gepäckstücke, die nicht mitgenommen werden, wieder herauskommen sollen. Es dauert zehn Minuten, und tatsächlich wird der Karton von dem Fließband wieder hinausgeschoben. Nun steht sie erneut mit der Küchenmaschine in der Abflughalle und weiß nicht, was sie damit tun soll.
Zurück zum Check-in. Fehlanzeige. Ihr wird geraten, zum Informationsschalter der Airline zu gehen und die Sache dort zu klären. Der Schalter ist aber nicht besetzt. Kein Mitarbeiter weit und breit.
Freunde anrufen, die zum Flughafen kommen könnten, um das Paket abzuholen, dafür reicht die Zeit nicht. Der Abflug ist in knapp einer Stunde.

Am Informationsschalter des Flughafens wird ihr gesagt, dass sich im Parkhaus Schließfächer befinden, und sie soll es dort versuchen und das Paket einschließen. Hoffnungsvoll schleppt sie das Paket die hundert Meter zum Parkhaus. Sie findet die Schließfächer.

Um ein Schließfach zu öffnen, muss man erst einmal ein paar Euro einwerfen. Nun hat Karin kein passendes Kleingeld, nur Scheine.
Am Schalter des Parkhauses fragt sie, ob man ihr zwanzig Euro in Kleingeld wechseln könne.
Die Antwort ist ein entschiedenes „Nein". Gegenüber sieht sie eine Autovermietung und läuft dorthin. Wieder die Frage nach Wechselgeld. Auch hier ein „Nein".

Am Taxistand erbarmt sich Karin ein Taxifahrer und wechselt den Schein in das nötige Kleingeld. Im Eiltempo geht's zurück zu den Schließfächern, und das Paket kann dort verstaut werden.
Jetzt sind es nur noch wenige Minuten zum Abflug. Geschafft, und mit großer Erleichterung fliegt sie nun ohne Küchenmaschine in Richtung Teheran.

Mit vielen erlebnisreichen Eindrücken und schönen Erinnerungen an den Iran landet Karin nach zwei Wochen wieder am Flughafen Schönefeld. Um die Küchenmaschine im Schließfach kümmert sie sich vorläufig nicht. Sie ist zu müde und muss mit öffentlichen Verkehrsmitteln weiter nach Hause fahren.
Erst am nächsten Tag begibt sie sich mit ihrem Auto

zum Flughafen. Vor der Einfahrt zum Parkplatz ist eine Baustelle. Sie parkt verbotenerweise am Rande des Parkhauses, denn es soll ja nur schnell die Küchenmaschine aus dem Schließfach geholt werden. Am Schließfach wartet die nächste böse Überraschung: 83 € in Münzen müssen eingeworfen werden. Man kann mit Scheinen nicht bezahlen. Verzweifelt überlegt Karin, wo sie nun die Euroscheine in Münzen wechseln kann. Das Auto darf nicht länger an dem Abstellort stehen bleiben, und sie muss dringend wegfahren. Zurück auf den offiziellen Parkplatz kann sie nicht, denn der liegt in der Einbahnstraße hinter ihr. Also muss sie das Flughafengelände verlassen. Sie überlegt, eine Bank zu finden, die ihr helfen kann. Aber eine Bank in der Umgebung ist nicht in Sicht.

Also wieder zurück in Richtung Flughafen. Jetzt ist es aber nicht mehr möglich, in das Flughafengelände hineinzufahren, da die Einfahrt kurzzeitig gesperrt wurde. In einer kleinen Straße am Flughafen findet Karin einen Parkplatz, allerdings nur für Langzeitparkende. Sie versucht es trotzdem und fragt, ob sie für eine Stunde stehen bleiben könne. Es wird ihr erlaubt. Vom Parkplatz läuft sie schnellen Schrittes ins Flughafengebäude direkt zum Informationsschalter und erklärt ihr Problem. Dort gibt man ihr den Tipp, das Geld am Wechselautomaten zu wechseln, der am anderen Ende der Halle stünde. Nun also quer durch die Halle und den Automaten suchen. Vergeblich. Nur eine leere Wand. Auf Nachfrage wird ihr gesagt, dass es den

besagten Automaten nicht mehr gibt, er sei vor einigen Wochen abgebaut worden.
Jemand riet ihr, dass sie von Geschäft zu Geschäft laufen und überall eine Kleinigkeit kaufen solle bis sie das Kleingeld zusammen hat. Das ist aber auch nicht einfach, denn so viele Geschäfte, in denen man Schokolade oder Kleinigkeiten kaufen kann, gibt es in der Halle nicht.
Die Verzweiflung steht Karin mittlerweile im Gesicht. Sie will nicht aufgeben, geht zurück zum Informationsschalter und erklärt erneut ihr Problem, und vor allen Dingen, dass es keinen Wechselautomaten mehr gibt. Jetzt erbarmt sich schließlich eine freundliche Mitarbeiterin an der Information, indem sie den Telefonhörer nimmt, eine Nummer wählt und mit jemanden spricht, der helfen kann.
Es dauert zwanzig Minuten, dann steht endlich die Frau vor Karin, die zuständig für die Schließfächer ist. Und wieder erklärt sie ihre Notlage. Die Frau beruhigt sie und bietet ihr an, direkt bei ihr in bar zu bezahlen, dann wird sie das Schließfach öffnen. Eine erleichterte Karin übergibt das Geld. Beide gehen zum Parkhaus und – blink machte es – das Schließfach öffnet sich. Mit großer Freude wird der Karton, der eigentlich in den Iran mitgenommen werden sollte, zum Parkplatz geschleppt, auf dem das Auto stand, und wieder zum Ausgangspunkt „Paulsborner Straße“ gefahren.
Damit ist das Problem „Küchenmaschine“ nur zum Teil gelöst. Karin braucht das Gerät nicht. In Teheran wird es gebraucht. Letztendlich schickt sie das Gerät per

DHL an die Adresse von Alis Mutter in den Iran, was 60 € kostet.

Und tatsächlich erreichte die Küchenmaschine heil ihre Empfängerin, bei der große Freude herrschte. Schließlich hat Karin dazu beigetragen, dass sich für Alis Mutter die Küchenarbeit erheblich erleichtert hat.

„Allein dafür haben sich die Umstände gelohnt", meint glücklich Karin.

Das verlorene Geburtstagsgeschenk

Ostern steht vor der Tür und Karin plant, einmal wieder mit dem Zug in die Heimat, nach Pinzberg in Oberfranken zu fahren. Dort will sie ihre Eltern und die restliche Familie besuchen. Davon erzählt sie ihrer Freundin Barbara, die ebenfalls aus dieser Gegend kommt und erfreut sagt: „Oh, das trifft sich ja gut." Denn ihr Neffe in Wiesenthau, ebenfalls in Oberfranken, hat Ostern Geburtstag. Sie wollte ihm ein Geburtstagsgeschenk schicken. Aber sie hat Bedenken, dass das Päckchen nicht mehr rechtzeitig ankommt.

„Das kannst du doch sicher mitnehmen. Es wird nicht groß und nicht schwer sein, leicht zu transportieren."

Hilfsbereit bietet sich Karin als Postbotin an.

Von Barbara erhält sie eine knallgelbe Schuhschachtel, in der das Geschenk verpackt ist. Darin sind drei Flaschen Berliner Bier als Gag und eine Geburtstagskarte mit 50 € enthalten.

Die gelbe Schachtel steckt Karin in eine rote Papiertüte. Mit dem Gepäck macht sie sich auf den Weg zum

Bahnhof. Da noch viel Zeit bis zur Abfahrt ist, genießt sie die warme Märzsonne auf einer Bank vor dem Platz des Bahnhofes. Den Koffer, den Rucksack und die rote Tüte hat sie dabei fest im Blick. Man weiß ja nie ...
Rechtzeitig begibt sie sich auf den Bahnsteig, steigt in den Zug, verstaut den Koffer in das entsprechende Regal in der Mitte des Abteils, den Rucksack neben sich und die rote Tüte in der Ablage über ihrem Sitzplatz.
Als der Zug so langsam in Erlangen einfährt, macht sie sich bereit zum Aussteigen. Sie steht schon an der Ausgangstür als der Zug hält und begibt sich mit Gepäck auf den Bahnsteig. Müde von der langen Zugfahrt läuft sie in Richtung Ausgang. Erst jetzt bemerkt sie, dass die rote Tüte noch in der Ablage liegt. Sie hat sie vergessen. Mit Koffer und Rucksack wieder zurück in den Zug? Dafür reicht die Zeit nicht mehr. Schon bewegt sich der Zug langsam zur Abfahrt. Fassungslos schaut sie dem Zug hinterher.
Ihre Schwester holt sie am Bahnhof in Erlangen ab. Aufgelöst erzählt Karin von dem Missgeschick. Es ist schon kurz vor Mitternacht und auf dem Bahnhof ist der Informationsschalter nicht mehr geöffnet. Auch weit und breit kein Mitarbeiter der Bahn, an den sie sich hätte wenden können. Hilft nur noch die Homepage der Deutschen Bahn, um vergessene Gegenstände zu melden.

Noch in der Nacht schreibt sie auf ihrem Laptop eine Meldung an die Bahn. Am folgenden Morgen erhält sie eine Antwort, dass sie innerhalb der nächsten zwei Tage

eine Rückmeldung bekommt. Wenige Stunden später erreicht sie wieder eine E-Mail, dass das Paket im Zug gefunden wurde und im Fundbüro der Deutschen Bahn in München abgeholt werden kann.
München war die Endstation des Zuges.

In diesem Moment hätte sie vor Glück gerne diese ehrliche Person umarmen wollen, die das Paket gefunden und abgegeben hat. Nie hätte sie damit gerechnet, dass es mit den drei Flaschen Bier und den 50 € jemals wieder zum Vorschein kommt.
Jetzt überlegt sie, wie das Geschenk von München nach Pinzberg, dann weiter nach Wiesenthau gelangen kann. Karins Tochter wohnt in München und hat ebenfalls geplant, über die Osterfeiertage zu Oma und Opa zu kommen. Sie ruft Simone an und erzählt ihr die Geschichte. Selbstverständlich ist ihre Tochter bereit, zur Fundstelle am Münchner Hauptbahnhof zu gehen und die Sache zu regeln.
Als Karins Mutter von dem Vorgang erfährt, hat sie die zündende Idee: „Na, das ist doch ganz einfach. Der andere Neffe von Barbara wohnt auch in München, der studiert dort und der fährt doch sicher auch über Ostern nach Hause."
Und der besagte Neffe ist auch noch der Bruder des Geburtstagskindes, für den das Paket bestimmt ist. Das ist die Lösung des Problems.

Von Barbara lässt sich Karin die Telefonnummer ihres Neffen in München geben. Sie ruft ihn an, erzählt ihm von dem Malheur und fragt, ob er das Päckchen holen und mitnehmen kann. Bereitwillig sagt er zu. Er geht also zum Fundbüro. Dort wird er zunächst abgewiesen, denn er braucht natürlich eine Bestätigung von der Person, die die Verlustmeldung gemacht hat. „Könnte ja jeder kommen und sich aus dem Fundbüro was holen", wird ihm gesagt.

Es stellt sich heraus, dass die Bestätigung jedoch aufwendiger ist als erwartet: nur ein reines Schriftstück reiche nicht aus. „Könnte ja auch jeder schreiben", wird ihm gesagt.
„Die Person, die die Verlustmeldung angezeigt hat, muss eine Bestätigung mit Kopie des Ausweises, Vorder- sowie Rückseite, und eine digitale Unterschrift vorlegen, so die Vorschriften."

Als der Neffe endlich alles zusammen hat, wird ihm endlich die rote Papiertüte mit dem gelben Schuhkarton ausgehändigt.
Oh Wunder, das Geschenk kommt doch tatsächlich auf Umwegen unbeschadet von Berlin, über München noch rechtzeitig beim Geburtstagskind in Wiesenthau an.
Soll noch einer über Verspätungen bei der Bahn meckern ...

Leider hat Karin nie die Namen der ehrlichen Finder erfahren. Gerne hätte sie sich auch bei allen bedankt, die sich um die Weitergabe der roten Papiertüte gekümmert haben.

Die Sache mit dem Dildo

Die meisten Menschen verreisen in den Urlaub gerne mit Partnern. Manche sogar mit Hund. Aber wie ist das mit Alleinstehenden, die weder das Eine noch das Andere besitzen? Hoffen sie auf Kontakt? Bleiben sie auch im Urlaub allein und suchen einfach nur die Ruhe? Der Individualität sind keine Grenzen gesetzt. Ebenfalls den geheimnisvollen Utensilien im Gepäck. So, wie bei meiner Freundin Irene.

An der türkischen Westküste gönnte sie sich einen zweiwöchigen Urlaub in einem beschaulichen Ort. Da sie einen anstrengenden Beruf mit viel Verantwortung und Stress in Berlin ausübte, suchte sie Ruhe und Entspannung. Sie fand beides in der Nähe von Kas. Dort standen noch keine Hotelhochburgen, und es gab ideale Bedingungen im klaren Wasser des Mittelmeers zu baden.

Zur gleichen Zeit verbrachte auch ich meinen Urlaub, aber direkt in Kas. Wir hatten bereits zuhause verabredet, dass wir uns treffen.

Mit dem Dolmus – dem typischen türkischen Gemeinschaftstaxi – besuchte ich Irene in ihrem kleinen Dorf, das im Vergleich zu meinem turbulenten Urlaubsort nur wenig Touristisches bot.
Auf meine Frage, ob sie irgendetwas vermisst, antwortete sie:
„Nein. Keine Sorge. Alles was ich brauche, habe ich dabei".
Was das war, fragte ich nicht. Sie machte auf mich einen zufriedenen Eindruck.
Irene bedauerte, dass ihr Urlaub schon in zwei Tagen zu Ende sein würde und ihr schon vom Abreisetag graute: frühmorgens um vier Uhr vom Taxi abgeholt zu werden, die zweistündige Fahrt zum Flughafen nach Antalya, dann die riesige Abfertigungshalle mit all den ungeduldigen, müden Passagieren, die nur eins wollten, wieder nach Hause zu fliegen.

Und genauso war es, wie sie es vorausgesehen hatte.

Knapp drei Stunden bis zum Abflug der Maschine nach Berlin blieben ihr noch.

Da zu dieser Zeit durch mehrere Anschläge innerhalb der Türkei erhöhte Sicherheitsmaßnahmen getroffen wurden, mussten alle Passagiere bereits vor dem Einchecken mit ihrem Gepäck die Sicherheitskontrollen durchlaufen. Geduldig stellte sich Irene in die endlose Reihe. Vor ihr und hinter ihr vernahm sie schon schimpfende Berliner, die gereizt waren, weil alles nur schleppend voranging. Dazwischen quengelnde Kinder. Schließlich war es soweit und Irenes Gepäck lief durch das Gerät der Sicherheitskontrolle. Plötzlich stoppte das Laufband. Ein auffälliger Gegenstand war auf dem Bildschirm entdeckt worden. Der Koffer wurde auf die Seite gestellt und Irene wurde aufgefordert, ihn zu öffnen. Zielsicher holte der Sicherheitsmann aus einem verzierten Blechkasten ein Utensil hervor. Er hielt es hoch und bewegte es am oberen Rand hin und her. Gut sichtbar, auch für die anderen wartenden Passagiere dahinter. Irene verschlug es den Atem, als sie sah, was aus ihrem Koffer hervorgeholt wurde. Vor Peinlichkeit wäre sie am liebsten in den Boden versunken, um der blamablen Situation zu entkommen. Es war ihr batteriebetriebener Dildo.

Was das sei, fragte der Sicherheitsmann in schlechtem Englisch.

Was sollte sie ihm antworten? Wie es ihm erklären? Ein Dildo, ein Sexspielzeug, ein Vibrator! Ihr fiel das passende englische Wort nicht sofort ein. Verzweifelt suchte sie in ihrem Handy nach der Übersetzung.

Dildo war auch das gängige Wort im Englischen. Damit konnte jedoch ihr Gegenüber nichts anfangen.

Jetzt suchte sie nach der türkischen Übersetzung: „yapay penis“ oder „vibratör“ wurde angezeigt. Und nun verstand er, schaute sich den fleischfarbigen Dildo genauer an, konfiszierte die Batterien und legte ihn wieder in den Blechkasten zurück.

Mit hochrotem Kopf nahm Irene ihren Koffer entgegen. Schnurstracks lief sie schnellen Schrittes zum

Checkin-Schalter, schaute weder nach rechts oder links und tat so, als ob nichts gewesen wäre. Trotzdem war ihre große Befürchtung, dass sich unter den Berliner Passagieren jemand befand, der sie von ihrer Arbeitsstelle her kannte und den peinlichen Vorgang mitbekam. Schließlich hatte sie eine herausragende Position und war keine Unbekannte in einem großen Berliner Unternehmen.

Als Irene mir später diese amüsante Geschichte erzählte, wunderte sie sich auch, warum beim Abflug in Berlin der Dildo zu keiner Beanstandung bei der Sicherheitskontrolle führte. Schon rätselten wir, woran es gelegen haben könnte: oberflächliche Kontrolle oder einfach nur die Tolerierung des Gegenstandes?

Und ich erinnerte mich daran, was sie mir im Urlaub sagte: Alles, was sie bräuchte, hätte sie dabei. Das war es also.

Der Kurzzeitliebhaber

Immer wenn eine neue Vernissage in der alteingesessenen, renommierten „Galerie Engel" stattfand, wurde auch Eva schriftlich eingeladen. Wie sie in den exklusiven Gästeverteiler gekommen war, wusste sie nicht. Sie genoss ihre Besuche, die nicht unbedingt die Kunst betrafen, davon verstand sie zu wenig, ebenso wie von den exzellenten Weinen. Die kleinen feinen Häppchen, die dort serviert wurden, ließen sie kalt. Es war eine andere Besonderheit, die sie in die Galerie zog. Ihr Interesse galt einer bestimmten Person.

Die „Galerie Engel" gehörte zu einer der ersten Galerien, die in Berlin nach dem Zweiten Weltkrieg eröffnet wurde, gegründet von der Kunsthistorikerin Anja Engel.

Anfang der sechziger Jahre beschäftigte sie den aus Surinam stammenden Jan van Dijk als Geschäftspartner an ihrer Seite. Der gutaussehende, freundliche junge Mann wurde auch ihr Partner zu Hause. Das ungleiche Paar fiel im Straßenbild nicht nur durch den Altersunterschied auf, es waren besonders die

Äußerlichkeiten: die kleine, rundliche Frau und der hochgewachsene Mann mit dunkler Hautfarbe. Auch wenn die Nachbarn darüber tuschelten, Anja scherte sich nicht darum. Sie hatte ihren Jan für alle Lebenslagen, und sie brachte ihm das Verständnis für die Kunst bei.

Heute fand wieder eine Eröffnung in der Galerie statt. Es war selbstverständlich, dass Eva der Einladung folgte. Dazu hatte sie sich stilvoll gekleidet und ein unauffälliges Make-up aufgelegt.
An diesem regnerischen Novemberabend kamen nur wenige Besucher. Ob es am Wetter oder an den gezeigten, nur mittelmäßigen Arbeiten lag, ließ sich nicht feststellen.
Schon beim Betreten der Galerie vermisste Eva die sonst so überschwängliche, freundliche Begrüßung des Hausherrn. Vielmehr herrschte eine seltsam angespannte Atmosphäre, die sie so nicht kannte. Der griesgrämigen Anja Engel war ihre Gereiztheit ins Gesicht geschrieben. Ohne Rücksicht auf die Gäste zog sie sich nach einem Wortwechsel mit ihrem Partner wütend in ihre Wohnung zurück und überließ den Abend Jan.
Der war von den Bildern dieses unbekannten Künstlers überzeugt, und er wollte ihm ein Forum bieten. Aber selbst der Künstler ließ sich an dem Abend nicht blicken.
Normalerweise drängten sich die Besucher vor den Bildern und den Häppchen, die teilweise unbeachtet liegen blieben. Auch Wein wurde nur mäßig getrunken.

Es herrschte eine verhaltene Stimmung, und die Gäste verließen schnell die Galerie.

Zurück blieben nur noch Jan und Eva.

Im Gespräch bedauerten beide, wie schade es sei, dass der Abend so unglücklich verlaufen wäre. Eva hatte Mitleid mit Jan. Schließlich hatte er sich wieder so viel Mühe mit der Gestaltung dieser Ausstellung gemacht. Aber seine Arbeit wurde ignoriert.

„Komm, lass uns noch etwas trinken und den Abend ganz schnell vergessen", forderte Jan seinen letzten Gast auf. Das ließ sich Eva nicht zweimal sagen.
Dabei legte er seinen Arm um ihre Schulter und erzählte melancholisch von seiner Heimat, die er vor vierzig Jahren verlassen hatte und wie er in Berlin strandete. Mit Begeisterung hörte Eva dem immer noch attraktiven Jan, der mittlerweile schon über sechzig Jahre alt war, bewundernd zu.
Schon vom ersten Augenblick ihrer Begegnung empfand sie große Sympathie. Und nicht nur das. Sie hatte sich auch in ihn verliebt.

Jan schloss die Galerie ab, losch das grelle Licht und beide verschwanden in dem kleinen Nebenzimmer. Dort war alles schon für ein Schäferstündchen vorbereitet. Jetzt wurde nicht mehr gesprochen, sondern nur noch geliebt, und Eva war am Ziel. Das hatte sie sich so lange ersehnt.

Heimlich trafen sich beide noch zweimal im Nebenraum der Galerie. Eva empfand jedoch die Liebesstätte als ungemütlich und lud den Liebhaber zu sich in ihre großzügige Dachgeschoßwohnung in der fünften Etage ein, allerdings ohne Aufzug. Eine Woche später erklomm Jan schnaufend die vielen Treppen, bis er zitternd vor der Tür stand. Eva begrüßte ihn und bemerkte das Zittern an seinen Händen. Angstvoll fragte sie: "Um Himmelswillen, was ist denn los mit Dir?"
„Ach, es ist nicht nur das schlechte Gewissen, dass ich Anja betrüge, es hat vielmehr etwas mit meinem Herzen zu tun."
Verdutzt schaute Eva den schwächelnden Mann an.
Statt des bereitgestellten und gekühlten Champagners servierte sie ihm jetzt einen Kräutertee. Als der auch nicht zu Jans Beruhigung beitrug, verabschiedet er sich höflich: „Es ist besser, wenn ich jetzt gehe."

Zurück blieb eine enttäuschte Eva, die darüber nachdachte, woran es wirklich gelegen haben könnte, dass eine solche Situation entstand. Sie hegte so ihre Zweifel. Schließlich klappte es doch in dem bescheidenden Nebenraum wunderbar. Kein schlechtes Gewissen, kein Zittern. Dort war er in seinem Element. Und sicherlich war sie nicht die Einzige, die er in sein Liebesnest einlud.

Als mögliche Erklärung kam ihr in den Sinn, dass es die ungewohnte Umgebung gewesen war.
Ihr Fazit: So sind eben die Männer! Und sie kippte ein

Glas nach dem anderen des noch kühlen Champagners runter.

Das grüne Kleid mit weißen Punkten

Traueranzeige in der Berliner Zeitung Anfang Januar 2024:

> Liebe Freunde und Freundinnen, ich bin umgezogen und wohne jetzt auf dem Alten Luisenstädtischen Friedhof am Südstern. Über Besuch würde ich mich freuen!
>
> Dietlinde Felicitas Steinbach,
> 19.6.1939 – 29.12.2023

Die ersten Besuche fanden am 13. Februar 2024 statt. Schätzungsweise 200 bis 250 Weggefährten von Felicitas versammelten sich zur Urnenbeisetzung in der Kapelle des Alten Luisenstädtischen Friedhofes. Auch ich war unter den Trauergästen, um Abschied von einer lieben Freundin zu nehmen.

Zunächst erschauderte mich der Anblick der grauen Urne. Darin befanden sich also die Überreste von

Felicitas. Ein schrecklicher Gedanke. Da halfen auch nicht die zahlreichen niedergelegten Bouquets und Blumen.
Gleichzeitig erheiterte mich jedoch der daneben liegende altmodische Plastikkoffer. Ein Relikt aus der Zeit, als sie mit ihm vor mehr als sechzig Jahren nach Berlin kam, der auch die Leidenschaft für die vielen Reisen symbolisierte, die sie zu Lebzeiten unternahm.
Ein Schal, ein bunt gestreifter Pulli und ein grünes Sommerkleid mit weißen Punkten umrahmten den Koffer, Lieblingsstücke, die Felicitas seit Jahren getragen hatte.

Wie gut ich das grüne Kleid kannte. Es erinnerte mich sofort an meinen letzten Aufenthalt in Paris und einer kuriosen Begegnung dort.

Mit drei Freundinnen reiste ich anlässlich der Verhüllung des Arc de Triomphe in die französische Hauptstadt. Wir hatten uns für vier Tage in einem Hotel im Quartier Latin eingemietet, weil wir unbedingt die letzte Arbeit des zu der Zeit bereits verstorbenen Künstlers Christo live in Augenschein nehmen wollten.

Am Nachmittag des 22. Septembers 2021 machten wir uns bei strahlendem Sonnenschein auf den Weg zu dem Großereignis. Zu der Zeit strömten bereits Massen von Besuchern in Richtung Arc de Triomphe.
Gerade näherten wir uns dem Modehaus Dior auf der Avenue des Champs-Élysées, als plötzlich eine Frauenstimme laut meinen Namen rief: „Anita“ und gleich

nochmal: „Anita“. Erstaunt schaute ich mich um und konnte es nicht fassen, wen ich direkt vor dem pompösen Eingang des Modehauses Dior entdeckte. Es war Felicitas, wie üblich in ihrem Standard Outfit, einem dünnen bunten Schal um den Hals, einem grünen Kleid mit weißen Punkten, das ihr viel zu groß war, und darunter eine dunkelblaue Pluderhose.

Scherzhaft fragte ich: „Wolltest Du Dich bei Dior neu einkleiden?“

„Ich habe nichts Passendes in meiner Größe gefunden“, antwortete sie schlagfertig. „Da bleibe ich doch bei meiner gewohnten Garderobe und bin sehr zufrieden damit!“

Auch sie war für einige Tage von Berlin nach Paris gereist, um das Kunstwerk von Christo zu bestaunen.

Wir amüsierten uns sehr über das zufällige Zusammentreffen in der Millionenstadt. Zur Erinnerung schossen meine Freundinnen Fotos von uns beiden, im Hintergrund das Modehaus Dior. Schließlich sollte so ein Ereignis für die Ewigkeit festgehalten werden.

Später ließ Felicitas dann auch die lustigen Fotos ausdrucken und schickte sie als Grußkarte an ihre Freunde.

Nach der Urnenbeisetzung zogen wir in ihre Stammkneipe neben ihrem Haus. Dort wurden die Lieblingsspeisen à la Felicitas, wie hausgemachter Kartoffelsalat, Leberkäse, Weißwürste und frische Brezel aufgetischt, und dabei ergab sich die Gelegenheit, über das facettenreiche Leben der verstorbenen Freundin zu sprechen und zu lachen. Immer wieder wurden ihre besonderen

Eigenschaften lobend erwähnt: menschliche Wärme, Großzügigkeit, ihr Witz und Humor, ihr Karlsruher Dialekt, den sie nie abgelegt hatte, ihre Begeisterung fürs Fahrrad und natürlich ihre bunten Klamotten, die keinem Modestil zuzuordnen waren. Und wenn es notwendig war, bot sie jedem Unterschlupf in ihrer Wohnung. Die halbe Welt war bei ihr zu Gast.

In Felicitas Leben waren die „drei F" wichtig: Feiern, Fahrrad, Freunde!

Sie hatte ein großes Herz, das Ende Dezember zu schlagen aufhörte.

In ewiger Erinnerung bleibt für mich das Bild, wie eine fröhliche Felicitas in ihrem grünen Kleid mit den weißen Punkten auf der Avenue des Champs-Élysées in Paris plötzlich vor mir stand.

Vitae

Anita Rehm, 1947 in Armsheim geboren. Ab dem 6. Lebensjahr in Mainz aufgewachsen. Seit 1972 Wohnort in Berlin.
Berufliche Tätigkeiten als freie TV-Journalistin für die ZDF-Sendungen „Nachbarn in Europa“, „Blickpunkt“, „sonntags“, „Länderspiegel“ und 3-SAT „Katholisches Tagebuch“. Daneben Hörfunk- und Zeitungsreportagen.
Auf den Filmfestivals in Kecskemet/Ungarn und Saragossa/Spanien wurde sie 1983 für ihren Dokumentarfilm „Holz-Verbindung“ jeweils ausgezeichnet.

Bisherige Buchveröffentlichungen:
„Entführt“, 2019
„Rosa Wasser“, 2022
„Mit einem Koffer voller Sehnsucht nach Berlin“, 2023

Sämtliche Zeichnungen in diesem Buch stammen von Kani Alavi. Der Künstler lebt und arbeitet in Berlin.

Aus dem Verlag

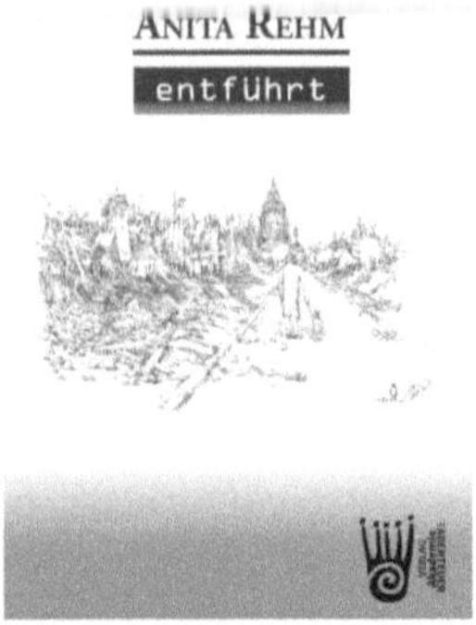

Anita Rehm

Entführt

Mainz 1945. Ein grauer Novembertag. Die dreijährige Karin Becker ist zum Spielen im Hof. Ihre Mutter kann sie durch das Küchenfenster sehen. Doch als sie das Kind zur Mittagsstunde hereinholen will, ist Karin plötzlich verschwunden. Die Suche nach ihrer Tochter bleibt erfolglos. Die Eltern des Kindes und die Polizei stehen vor einem Rätsel. Ist Karin einfach fortgelaufen? War es ein Unfall? Wurde das Mädchen entführt?
Der Fund einer Kinderleiche scheint die schreckliche Gewissheit zu bringen, dass Karin ermordet wurde. Ein Täter aber wird nie ermittelt. Sechs Jahre später stößt der Mainzer Kommissar Valentin Reitz, aufgeschreckt durch einen Zeitungsartikel, auf eine verurteilte Kindesentführerin. Und plötzlich werden Zweifel in ihm wach. Hat die Polizei den Fall damals zu schnell zu den Akten gelegt? Mit Umsicht und Beflissenheit nimmt Valentin Reitz die Spur auf und folgt ihr bald bis nach Würzburg, Heidelberg, Stuttgart, München und in ein rheinhessisches Dorf … Der Roman basiert auf einer wahren Begebenheit.
Taschenbuch
176 Seiten
ISBN 9783985300648

Anita Rehm

Mit einem Koffer voller Sehnsucht nach Berlin

Was treibt Menschen dazu ihre Heimat zu verlassen, um in eine ungewisse Zukunft nach Berlin aufzubrechen? Dieser Frage ist Anita Rehm in Gesprächen mit zwölf Künstlerinnen und Künstlern aus verschiedenen Ländern und Arbeitsbereichen nachgegangen. Mit ihrem Handy als Fotoapparat und dem Notizblock in der Hand, ist die Berliner Journalistin und Autorin losgezogen und hat Kunstschaffende in Berlin besucht, über die sie in den 80er Jahren bereits einmal Fernsehreportagen erstellt hatte. Auf ihren Streifzügen sind ein paar neue Gesichter dazugestoßen und mit allen hat Anita Rehm sich unterhalten und die Gespräche samt einiger Schnappschüsse anschließend zu Papier gebracht. Sie erfuhr die spannenden Beweggründe und Geschichten der Bildhauerin Aysegül Eren aus Istanbul, der Malerin SOOKI Koeppel aus Korea, den Malern mit iranischen Wurzeln Kani Alavi, Yadgar Asisi, Akbar Behkalam und Maghsoud Fallahi, von Abuzer Güler aus der Türkei, Hieronimus J. Ceckiewcz aus Polen, Pavel Feinstein aus Moskau, Akira Nakao aus Japan, der Filmemacherin und Schauspielerin Sema Poyraz und dem Schauspieler und Regisseur Tayfun Bademsoy, beide in der Türkei geboren. Aus den Gesprächen ist ein kontrastreiches Mosaik dessen entstanden, was die Künstlerinnen und Künstler bis heute in Berlin geschaffen haben und wie sie den Kunstbetrieb durch ihr Wirken bereichern. Ein Buch voller Blicke in Leben und Ateliers, kein Kunstkatalog, sondern vielmehr ein spontanes Eintauchen in die vielfältige Welt Berlins.

Taschenbuch, 218 Seiten mit vielen Fotos
ISBN 9783985301263

Gudrun Wiebke

Kommissar Traudich und das Schweigen des Stoppelfelds

Kriminal-Erzählungen aus dem Norden

„Ist es nicht so, dass jedem kriminalistischen Triumph das Versagen einer ganzen Welt vorausgeht?" In Traudichs Augen standen Zweifel. „Einer ganzen Welt?", fragte Anton vorsichtig zurück.

Immer wenn Traudich einen Fall abgeschlossen hatte, tat sich im Kommissar von Eiderstedt dieses Loch auf, in das er abzustürzen drohte. Und wenn Anton seinen Freund dann nicht stoppte, folgte die Selbstbezichtigung, weil genau dieses Versagen der ganzen Welt seinen komfortablen Lebensstandard sicherte. Ernst-August Traudich ermittelt auf Eiderstedt in Nordfriesland. Die Weite des Marschlandes ist ihm Begleiter und Berater zugleich. Und manchmal auch Hilfe, sich mit sich selbst und seiner verlorenen Liebe zu versöhnen.

Taschenbuch
156 Seiten
ISBN 9783985300129

Felix Huby

Die Bootsbauer

Julius Kommerell hat es geschafft. Vom mittellosen Lehrling ist er zum Leiter der Firma Steininger Bootsbau aufgestiegen und hat die Tochter Doris Steininger, einziges Kind des Firmengründers, geheiratet. Die beiden haben inzwischen zwei erwachsene Kinder. Kommerell arbeitet an einem Boot, das die Krönung seiner vielen erfolgreichen Entwicklungen werden soll. Aber da setzt ihm seine Frau, die alleinige Besitzerin des Unternehmens, plötzlich den Stuhl vor die Tür und erklärt sich zur alleinigen Chefin der Werft. Für Julius Kommerell bricht eine Welt zusammen. Er verlässt Firma und Familie, zieht in sein Bootshaus am jenseitigen Ufer des Sees und muss von dort aus hilflos zusehen, wie Doris und sein Sohn Florian Steininger Bootsbau in die Krise steuern. Da hat er einen Plan ...

Taschenbuch
176 Seiten
ISBN 9783985300006

Michèle Meister
Boris Pfeiffer

Nicht aus Adams Rippe

Die in Australien lebende Künstlerin Michèle Meister und der in Deutschland lebende Kinderbuchautor und Dichter Boris Pfeiffer legen den ersten von vier Bänden ihres Werks aus Malerei und Gedichten vor.
In den Gedichten des ersten Bandes: Das Aufwachsen eines Jungen in Berlin, das Mannwerden, das Menschwerden. Liebe, Einsamkeit, Sehnsucht nach der verlorenen, weit entfernten Mutter. Begegnungen in der Großstadt. Streifzüge in die Generationen.
In den Bildern in traumschwerer weiblicher Perspektive Visionen voller Zärtlichkeit. Aber auch Härte, öffnende Hingebungen ans Leben, Geschenke der Empfängnis.
Ein Werk, bereit, uns mitfühlen zu lassen, uns frei zu lassen.

Broschiert
158 Seiten
ISBN 9783985301218